Quick Guide

Quick Guides liefern schnell erschließbares, kompaktes und umsetzungsorientiertes Wissen für Leser, die zu einem speziellen Thema verlässliche Informationen benötigen, um mitreden, fundiert entscheiden und direkt handeln zu können.

Weitere Bände in der Reihe http://www.springer.com/series/15709

Stefanie Schröer

Quick Guide Online-Marketing für Einzelkämpfer und Kleinunternehmer

Wie Sie Ihre Kunden online finden, begleiten und begeistern

Stefanie Schröer
Spiderwebmarketing
Manhagen, Deutschland

Ergänzendes Material zu diesem Buch finden Sie auf http://extras.springer.com

Quick Guide
ISBN 978-3-658-15938-2   ISBN 978-3-658-15939-9 (eBook)
https://doi.org/10.1007/978-3-658-15939-9

Die Deutsche Nationalbibliothek verzeichnet diese Publikation in der Deutschen Nationalbibliografie; detaillierte bibliografische Daten sind im Internet über http://dnb.d-nb.de abrufbar.

Springer Gabler
© Springer Fachmedien Wiesbaden GmbH 2018
Das Werk einschließlich aller seiner Teile ist urheberrechtlich geschützt. Jede Verwertung, die nicht ausdrücklich vom Urheberrechtsgesetz zugelassen ist, bedarf der vorherigen Zustimmung des Verlags. Das gilt insbesondere für Vervielfältigungen, Bearbeitungen, Übersetzungen, Mikroverfilmungen und die Einspeicherung und Verarbeitung in elektronischen Systemen.
Die Wiedergabe von Gebrauchsnamen, Handelsnamen, Warenbezeichnungen usw. in diesem Werk berechtigt auch ohne besondere Kennzeichnung nicht zu der Annahme, dass solche Namen im Sinne der Warenzeichen- und Markenschutz-Gesetzgebung als frei zu betrachten wären und daher von jedermann benutzt werden dürften.
Der Verlag, die Autoren und die Herausgeber gehen davon aus, dass die Angaben und Informationen in diesem Werk zum Zeitpunkt der Veröffentlichung vollständig und korrekt sind. Weder der Verlag noch die Autoren oder die Herausgeber übernehmen, ausdrücklich oder implizit, Gewähr für den Inhalt des Werkes, etwaige Fehler oder Äußerungen. Der Verlag bleibt im Hinblick auf geografische Zuordnungen und Gebietsbezeichnungen in veröffentlichten Karten und Institutionsadressen neutral.

Gedruckt auf säurefreiem und chlorfrei gebleichtem Papier

Springer Gabler ist Teil von Springer Nature
Die eingetragene Gesellschaft ist Springer Fachmedien Wiesbaden GmbH
Die Anschrift der Gesellschaft ist: Abraham-Lincoln-Str. 46, 65189 Wiesbaden, Germany

Vorwort

Liebe Einzelkämpfer-/innen und Kleinunternehmer/-innen,

sehen Sie mir nach, dass Sie auf den folgenden Seiten dieses Buchs nicht jeweils die weibliche und männliche Variante finden werden. Das ist ausschließlich der Lesbarkeit und dem Umfang des Buchs geschuldet.

In den folgenden Kapiteln möchte ich mit Ihnen in die Reise Ihrer Kunden eintauchen und Ihnen zeigen, wie Sie die Chancen des Internets nutzen können, um Ihre idealen Kunden vor, während und nach dem Kauf zu begleiten und von Ihnen zu begeistern.

Der Begriff „ideale Kunden" mag idealistisch klingen, ist hier aber vielmehr betriebswirtschaftlich begründet. Mehr dazu in Abschn. 1.1.

Dass dieses Buch, vor allem mit diesem Inhalt, heute vor Ihnen liegt, ist hauptsächlich zwei Menschen zu verdanken, die mit dem Thema Online-Marketing wenig anfangen können, meiner Mutter und meiner Großmutter.

Meine Oma besitzt nicht einmal einen Computer und war zeitlebens Lehrerin. Mein erster Job als Online-Marketing-Manager entlockte ihr nur den Kommentar: „Du hilfst also Unternehmen, Dinge zu verkaufen, die die Welt nicht braucht." Leider hatte sie damit nicht ganz unrecht, aber wer kann sich seine Kunden, besonders als Angestellter, schon aussuchen. Oder?

Oder. In den darauffolgenden Monaten habe ich an einer internen Studie gearbeitet, die die Erfolgsfaktoren von KMU im Online-Marketing definieren sollte. Das Ergebnis: Weder teure Agenturen noch bestimmte Kampagnenformen hatten einen signifikanten Einfluss. Stattdessen: Unternehmen, die echten Mehrwert boten, der für ihre Zielgruppen wirklich wichtig war, waren erfolgreich. Unabhängig von den eingesetzten Marketingkanälen. Omas Weisheit, in Zahlen ausgedrückt.

Seitdem konzentriere ich mich darauf, Unternehmen mit echtem Mehrwert mit ihren idealen Kunden zusammenzubringen. Möglichst mit den Maßnahmen, die den größten Effekt auf das Endresultat liefern. Der Schwerpunkt „ideale Kunden" ist meiner Mutter zu verdanken, die mir früh beigebracht hat, dass auch mein Tag nur 24 h hat und ich mich lieber auf das konzentrieren sollte, was wirklich wichtig ist.

In diesem Sinne möchte ich Ihnen mit diesem Buch zeigen, wie Sie Ihre Vorteile als Einzelkämpfer nutzen können, um Ihr Unternehmen online zu vermarkten, die richtige Zielgruppe anzusprechen und zu begeistern, ohne dabei Ihr Alltagsgeschäft vernachlässigen oder unheimlich viel Geld ausgeben zu müssen.

Dieses Buch richtet sich bewusst an Einzelkämpfer und Kleinunternehmer, die keine Marketingprofis sind und es auch nicht werden wollen, sondern die eine klare Strategie suchen, die sie selbst umsetzen können, um ihre Unternehmen voranzubringen. Online-Marketing ist ein sehr umfangreiches Fachgebiet geworden. Da Ihr Tag aber auch nur 24 h hat, konzentrieren wir uns auf die für Sie relevanten Themen.

im Juli 2017 Stefanie Schröer

Inhaltsverzeichnis

1	**Schöne neue Welt**	1
1.1	Ideale Kunden: Ein schöner Traum?	3
1.2	Chancen des Internets für Einzelkämpfer	6
1.3	Buzzword Content Marketing	9
	1.3.1 Vorteile des Content- bzw. Informationsmarketings	10
	1.3.2 Sieben Prinzipien des Überzeugens nach Robert Cialdini	11
	Literatur	13
2	**Der Grundstein**	15
2.1	Wer ist der ideale Kunde?	17
2.2	Zielgruppenrecherche: Schritt für Schritt	18
3	**Das Fundament**	21
3.1	Ihr Mehrwert: Wie wollen Sie das kommunizieren?	22
3.2	Ihre Website: Ihr Verkäufer ohne Krankenschein und Urlaubsanspruch	23

4 Online-Marketing-Kanäle 25
4.1 Storytelling und Heldenreise 26
4.2 Schritte der Heldenreise 27
4.3 Fünf Marketingphasen der Heldenreise 27
Weiterführende Literatur 34

5 Search Engine Optimization (SEO) 35
5.1 On-page SEO 36
5.2 Technik 44
5.3 Linkaufbau 46
5.4 Local SEO 49
    5.4.1 Google My Business 49
    5.4.2 Strukturierte Daten für lokale Geschäfte 50
    5.4.3 Website-Optimierung für lokale Geschäfte 51
    5.4.4 Branchenverzeichnisse 52
    5.4.5 Lokale Links 52
Weiterführende Literatur 54

6 Unbezahlte Online-Marketing-Kanäle 55
6.1 Foren 56
6.2 Soziale Gruppen 59
6.3 Informative Websites und Nachrichtenportale 60
6.4 E-Mail-Marketing 63
    6.4.1 Informationsmarketing per E-Mail 63
    6.4.2 E-Mail-Marketing aufbauen 66
6.5 Eigene Social-Media-Kanäle 67

7 Bezahlte Online-Marketing-Kanäle 71
7.1 Suchmaschinen: Google und Bing 71
    7.1.1 Lokale Kampagnen 72
    7.1.2 Landingpages 77
    7.1.3 Deutschlandweit oder lokal: Produktspezifische Kampagnen 78
    7.1.4 Remarketing 79
    7.1.5 Dynamische Suchanzeigen 82

	7.2	Facebook-Anzeigen	83
	7.3	Bewertungsportale und andere Branchen-Websites	88
	7.4	Display-Werbung: Bitte nicht!	89
	Literatur		91
8	**Website- und Conversionoptimierung**		93
	8.1	Die wichtigsten Faktoren für mehr Anfragen	94
	8.2	Optimierung des Kaufprozesses	100
	8.3	Optimierung der Lead-Generierung	102
9	**Die Analyse**		105
	9.1	Webanalyse: Sinn und Zweck	106
	9.2	Conversion Tracking	106
	9.3	Conversion-Rate- und Kanalanalyse	109
	9.4	Besucheranalyse	116
	9.5	Analyse und Optimierung des Kaufprozesses	120
10	**Fazit**		125

1

Schöne neue Welt

Internet – Chance oder Gefahr für Einzelkämpfer?

> **Was Sie aus diesem Kapitel mitnehmen**
> - Worin die Chancen des Internets für Kleinunternehmer und Einzelkämpfer liegen
> - Warum Sie sich auf Ihre idealen Kunden konzentrieren sollten
> - Welche Vorteile Ihnen Content Marketing bietet

Online-Handel und Großkonzerne wie Amazon machen zahlreichen kleinen Unternehmen das Leben schwer. Standort ist in vielen Branchen kein relevanter Wettbewerbsvorteil mehr. Die Konkurrenz sitzt nicht mehr um die Ecke, sondern häufig überall auf der Welt.

Das Internet birgt aber gerade für Kleinunternehmer und Einzelkämpfer enorme Chancen. Noch vor wenigen Jahren waren wirkliche Marketingkampagnen nur den großen Unternehmen vorbehalten. Klassische Werbekanäle wie TV, Radio – und in den meisten Fällen auch Print – wären für Einzelkämpfer gar nicht infrage gekommen. Die Einstiegshürden waren viel zu hoch und die Streuverluste nicht tragbar. Selbst erfolgreiche Kampagnen hätten katastrophal geendet.

Welcher Kleinunternehmer kann die Nachfrage nach einer erfolgreichen TV-Kampagne à la IKEA bedienen?

Online sieht es zum Glück anders aus. Zielgenaues Targeting ermöglicht die Ansprache der gewünschten Zielgruppe mit sehr geringen Streuverlusten. Als Einzelkämpfer haben Sie einen großen Vorteil: Sie kennen Ihre Kunden. Unternehmen wie Amazon und Otto beschäftigen so viele Mitarbeiter und haben so zahlreiche Kunden, dass persönlicher Kontakt zwischen Entscheidern im Unternehmen und dem Endkunden unmöglich ist. Wer genau die Zielgruppe ist, muss anhand von Daten definiert werden. Stichwort: Big Data. Eine persönliche Beziehung zwischen Kunde und Unternehmen wird so kaum entstehen.

Sie dagegen werden im täglichen Ablauf regelmäßig Kontakt zu Ihren Kunden haben. Menschen kaufen von Menschen, die sie kennen, mögen und denen sie vertrauen.

Das erreichen Sie viel leichter, wenn Sie Ihre Kunden kennen, als wenn Sie über aufwendige Websites, teure Marketingkampagnen und große Callcenter kommunizieren. Ihre Kunden sind online. Sie suchen aktiv nach Informationen. Vor fast jeder Kaufentscheidung informieren sie sich online. Welches Produkt ist das richtige, welcher Anbieter der beste? Wie funktioniert es genau, was muss beachtet werden?

Vor dem Internet konnte ein guter Verkäufer mit einiger Erfahrung ziemlich genau sagen, welche Fragen die Kunden immer wieder stellen, welcher Informationsbedarf da ist. Heute können Sie das bereits herausfinden, bevor Sie Ihr Unternehmen gründen. Sie haben den enormen Vorteil, dass Sie die vorhandene Nachfrage nach Informationen nutzen können, statt Werbung zu verbreiten, die niemand sehen will. Nutzen Sie diese Nachfrage und liefern Sie genau die Informationen, die Ihre Zielgruppe braucht und wünscht, genau zu dem Zeitpunkt und an dem Ort, an dem sie danach sucht oder sich damit beschäftigt. Je nachdem, in welcher Branche Sie unterwegs sind, werden Sie mehr oder weniger Nachfrage finden. Je höher der Informationsbedarf, desto leichter für Sie. Gibt es kaum direkte Nachfrage nach Informationen zu Ihrem Angebot, müssen Sie kreativer werden. In beiden Fällen werden Sie in den folgenden Kapiteln zahlreiche Wege, Ideen und Beispiele finden, um Ihr eigenes Informationsmarketing zu gestalten.

Diese Form der Werbung hat kaum noch etwas mit dem negativ angehauchten Image früherer Werbekampagnen zu tun. Stattdessen stehen Sie Ihren Kunden beratend und hilfreich zur Seite, von der Orientierungsphase bis nach dem Kauf.

> Je besser Sie Ihre Zielgruppe kennen, desto leichter wird es Ihnen fallen, dieses Informationsmarketing umzusetzen.

1.1 Ideale Kunden: Ein schöner Traum?

Traumkunden sind Luxus, das kann ich mir als Einzelunternehmer nicht leisten.

So oder ähnlich fällt die Antwort vieler Unternehmer aus, wenn die Frage gestellt wird, mit welchen Kunden sie denn gerne arbeiten würden.[1]

Eine verständliche Reaktion, wenn das Auftragsbuch schlecht gefüllt ist und jeder neue Kunde doch Umsatz verspricht. „Der Kunde ist König", auch dieser Leitsatz fällt in der Diskussion häufig. Problematisch wird es aber, wenn Sie versuchen, den Ansatz „Ich möchte jeden möglichen Kunden haben" in ein gelungenes Marketingkonzept zu übertragen. Als Einzelkämpfer bieten Sie mit großer Wahrscheinlichkeit eine spezialisierte Dienstleistung oder ein spezifisches Produkt bzw. eine spezifische Produktkategorie an. Überlegen Sie sich einmal, wie groß Ihr potenzieller Markt tatsächlich ist und was es für Sie bedeuten würde, wenn tatsächlich all diese möglichen Kunden in den nächsten Monaten vor Ihrer Tür stünden.

Für die meisten Einzelkämpfer ein Schreckensszenario. Der Berliner Dachdecker wäre gar nicht in der Lage, die Nachfrage

---

[1]Ideale Kunden: Wenn Sie sich all Ihre Kunden anschauen, werden Sie feststellen, dass es einige gibt, mit denen Sie am liebsten gearbeitet haben, für die Sie bessere Resultate erzielt haben, mit denen die Geschäftsbeziehung besonders reibungslos verlief und die Sie gern und häufig weiterempfehlen. Stellen Sie sich vor, wie erfolgreich Sie wären, wenn Sie nur solche Kunden hätten.

nach Dachdeckerarbeiten nur im Raum Berlin komplett zu bedienen. Nehmen wir als Richtwert das Suchvolumen für Dachdeckerarbeiten und verwandte Suchbegriffe in Berlin, kommen wir auf mehrere Tausend im Monat. Das ist für Portale wie Myhammer.de interessant, für den mittelständischen Dachdeckerbetrieb mit drei Angestellten würde es bedeuten, erst einmal Tage am Telefon zu verbringen.

Innerhalb dieser Zielgruppe, die einen Dachdecker braucht, ist die Spanne der gesuchten Dienstleistungen groß. Vom losen Dachziegel bis hin zum neuen Dachstuhl mit kompletter Dämmung ist einiges dabei. Ein potenzieller Kunde, der einen neuen Dachstuhl benötigt, wird sich aber kaum von einem Dachdecker angesprochen fühlen, der überwiegend Reparaturen ausführt und Notdienst bei Sturmschäden anbietet. Andersherum wird der Dachdecker, der sich auf energieeffiziente Dämmung spezialisiert hat, kaum erfreut sein über einen Auftrag, einige fehlende Dachziegel zu ersetzen. Schon wird die Zielgruppe deutlich kleiner und das mögliche Marketingkonzept ein wenig konkreter.

Bleiben wir bei unserem auf Dämmung spezialisierten Dachdecker. Energieeffizienz ist sein Fachgebiet. Damit kann er vor allem bei solchen Kunden punkten, denen das wichtig ist. Möchte jemand nur das Garagendach möglichst günstig erneuern, kann dieser Fachmann seine Qualitäten kaum einsetzen. Diesem Kunden ist nur der Preis wichtig. Für den Dachdecker wäre das ein wenig lukrativer Auftrag, dem höchstwahrscheinlich anstrengende Preisverhandlungen vorausgingen.

Die Konzentration auf die Kernzielgruppe (die idealen Kunden) reduziert natürlich den Markt. Gleichzeitig ermöglicht sie aber eine Konzentration auf Kernfähigkeiten, sowohl in der Ausführung als auch in der Vermarktung.

Versuchen Sie einmal übungshalber eine Google-AdWords-Anzeige (Abschn. 7.1) zu formulieren, die alle potenziellen Kunden in Ihrem großen Markt möglichst exakt anspricht.

> **AdWords-Anzeige – Beispiel „Dachdecker Berlin"**
>
> - Titel 1: 30 Zeichen
> - Titel 2: 30 Zeichen
> - Beschreibung: 80 Zeichen
>
> **Ihr Dachdecker in Berlin - Über 30 Jahre Erfahrung**
> `Anzeige` www.drei-**dachdeckerei**.de/ ▼
> Lassen Sie den Profi aufs Dach! Drei Dachdeckerei aus Berlin.
> Bedachung · Dachbegrünung · Meisterbetrieb · Bauklempnerei
> Dächer sanieren & decken · Kontakt zu uns
> ♀ Heimstraße 14, Berlin - 030 6925480
>
> **DMD Dachdecker Berlin - dmd-dachdecker.de**
> `Anzeige` www.dmd-**dachdecker**.de/ ▼ 030 4619649
> Dacheindeckungen, Klempner, Dämmung Sanierung, Terrassen, Dachfenster.
> Dachdecker Marco Diehr · Dachdecker · 24 Stunden Notdienst · Bachwerksabdichtung
>
> **Dachdecker in & um Berlin - rapp-konzeptbau.de**
> `Anzeige` www.rapp-konzeptbau.de/ ▼
> Profi für Sanierung, Modernisierung und Wärmeschutz rund um Ihr Dach.
> ♀ Prenzlauer Straße 29a - 033397 264400 - Heute geöffnet · 08:00–18:00 Uhr ▼
>
> © 2015 Google Inc., Verwendung mit Genehmigung. Google und das Google-Logo sind eingetragene Marken von Google Inc.
>
> Dieses Beispiel veranschaulicht sehr schön die Schwierigkeiten bei der Fokussierung. Die ersten zwei Anzeigen sind allgemein gehalten. Diese Firmen scheinen alles rund um das Thema Dach anzubieten. Die dritte Anzeige konzentriert sich deutlich auf Sanierung und Wärmeschutz. Ein potenzieller Kunde, der sein Dach energieeffizient sanieren möchte, wird sich mit hoher Wahrscheinlichkeit von dieser Anzeige angesprochen fühlen.

Ihr Marketing auf ideale Kunden auszurichten bedeutet nicht, dass Sie grundsätzlich alle anderen Kunden ablehnen müssen. Gerade zu Beginn der Selbstständigkeit oder in Zeiten geringer Auftragslage ist es wichtiger, überhaupt erst einmal Umsatz zu generieren. Solche Kunden sollten möglichst aber Ausnahmen bleiben, damit Sie nicht in eine Spirale kommen, aus der Sie nur schwer wieder hinausfinden.

Mund-zu-Mund-Propaganda ist gerade bei lokalen Betrieben ein extrem wichtiger Faktor. Überlegen Sie sich also, bevor Sie einen Auftrag annehmen, ob eine Weiterempfehlung für solche Aufträge für Sie wünschenswert ist.

Dieses Konzept funktioniert selbstverständlich auch für den Verkauf von Produkten. Dort ist es zwar kaum ein Problem, wenn Kunden Ihr Produkt kaufen, für die Sie es gar nicht vorgesehen hatten, aber die Marketingausrichtung bleibt gleich. Nehmen Sie einen örtlichen Angel-Shop als Beispiel, der hochwertige Produkte für leidenschaftliche Hobby-Angler mit entsprechender Beratung anbietet. Angel-Neulinge oder Kunden, die das Angeln eher nebenher betreiben, werden Probleme mit den hohen Preisen haben. Viele solcher Kunden kommen trotzdem in das Geschäft, lassen sich ausführlich beraten und kaufen am Ende doch nichts, weil die Qualität für sie kein ausschlaggebendes Kriterium ist.

Der Verkäufer wendet viel Zeit auf, mit geringer Wahrscheinlichkeit, dass daraus ein Kauf entsteht. Langfristig kein profitables Modell. Wie Sie Ihre idealen Kunden definieren und kennenlernen, erfahren Sie in Abschn. 1.3.2 und 2.2.

1.2 Chancen des Internets für Einzelkämpfer

Das Internet ist der große „Gleichmacher" unserer Zeit. Das mag übertrieben euphorisch klingen, aber bleiben Sie einen Moment bei mir.

Die meisten Einzelkämpfer konkurrieren in ihren Märkten mittlerweile mit großen Unternehmen bis hin zu Weltkonzernen mit entsprechenden Marketingbudgets. TV-Kampagnen, Radio- und Printwerbung oder Billboards sind für Sie meist unerschwinglich und absolut unrentabel. Hinzu kommt, dass die Streuverluste viel zu hoch sind und Sie absolut nichts messen können. Online und vor allem im Suchmaschinenmarketing ist das Budget nicht der ausschlaggebende Faktor. Hier können Sie Ihre idealen Kunden gezielt ansprechen – und zwar genau dann, wenn sie auf der Suche nach Dingen sind, die Sie anbieten, und genau damit, was Ihre potenziellen Kunden suchen.

> **Googles Ziel**
>
> Googles wichtigstes Ziel ist es, dem Sucher schnellstmöglich das beste Ergebnis zu seiner Suche zu liefern. Nicht das am teuersten bezahlte Ergebnis, sondern das beste!
> Für Ihre idealen Kunden möchten Sie doch auch das beste Ergebnis sein, oder? Insofern stimmen Ihre Ziele hier mit denen von Google überein. Google ist für Einzelkämpfer mehr Freund als Feind!

Unabhängig von den jeweiligen Kanälen ist das Internet für uns die wohl wichtigste Informationsquelle geworden. Ob wir ein italienisches Restaurant suchen, Urlaubspreise recherchieren oder Hilfe im Alltag benötigen. Klassische Themen, zu denen wir früher unsere Eltern (Mütter wissen alles!) oder handwerklich begabte Freunde fragten, schauen wir uns heute schnell auf YouTube an.

Beispiele aus meinem Alltag der letzten Monate:

- Ladung sichern/Spanngurte anlegen bzw. wieder öffnen
- Maschendrahtzaun aufbauen und spannen
- Kinesiotape für diverse Probleme anbringen

Foren, Gruppen in sozialen Netzwerken, allen voran natürlich Facebook, aber auch Nischenblogs liefern täglich mehr Informationen, als sich in Büchern unterbringen ließen. Wir alle erwarten, die nötigen Informationen einfach zu finden. Möglichst exakt für unser Problem und unsere Bedürfnisse aufgearbeitet, in Text, Bild, Video- oder Audioformat. Jemand muss sich die Mühe machen, diese Informationen (kostenlos) bereitzustellen. Genau hier liegt Ihre Chance als Einzelkämpfer, gegenüber den größeren Firmen zu punkten. Unternehmen wie Otto, Ikea, Coca Cola oder Nike sind nicht in der Lage, sich auf die Probleme und Wünsche ihrer idealen Kunden zu konzentrieren, dafür müssen sie viel zu viele Kunden erreichen.

Natürlich haben diese Unternehmen viel mehr Ressourcen als Sie, aber die Nähe zum Endkunden, den direkten Kontakt auf allen Ebenen, können sie nicht haben. Wie wahrscheinlich ist es, dass die Marketingabteilung von Otto sich persönlich mit allen guten Kunden austauscht? Größere Unternehmen sind auf Technik und Kommunikation über zahlreiche Ebenen angewiesen, um Informationen über die Zielgruppe bis nach oben zum Management zu transportieren. Je mehr Ebenen, desto mehr Informationen gehen unterwegs verloren. Denken Sie nur einmal an das altbekannte Stille-Post-Spiel.

Als Einzelkämpfer sind Ihre Ressourcen zwar begrenzt, aber Sie bekommen alle notwendigen Informationen direkt von Ihrer Zielgruppe, ungefiltert und ohne Verluste. Das versetzt Sie in die Lage, Ihren idealen Kunden genau das zu liefern, was sie sich wünschen.

Das Stichwort lautet: Informationsmarketing
Informationen funktionieren auf allen Kanälen, seien es Suchmaschinenmarketing (Search Engine Optimization, SEO), eine AdWords-Anzeige, ein Facebook-Post, eine E-Mail oder eine Videoanzeige. Wenn Sie entlang der Customer Journey Ihren potenziellen Kunden zum richtigen Zeitpunkt genau die richtigen Informationen liefern, nämlich genau dann, wenn diese sie brauchen oder sogar aktiv danach suchen, spielen Sie in der höchsten Klasse: im Marketing, das nicht als solches wahrgenommen wird, sondern als äußerst willkommene und hilfreiche Information.

Diese Art des Online-Marketings funktioniert aber nur, wenn Sie Ihren Kunden wirklich etwas zu bieten haben. Austauschbare Produkte und Leistungen sind keine gute Idee für Einzelkämpfer. Voraussetzung für erfolgreiches Marketing on- und offline ist ein USP (Unique Selling Point), ein für Ihre Kunden ausschlaggebendes Verkaufsargument.

Jeder BWL-Student lernt das an der Uni. Ein wirklicher USP bedeutet aber nicht einfach nur, sich von der Konkurrenz zu unterscheiden, sondern sich in einem für den Endkunden (!) ausschlaggebenden Punkt positiv zu unterscheiden.

Beispiel: den richtigen USP finden
Ein Reiseunternehmen mit mehreren Millionen Jahresumsatz erklärt seinen USP damit, dass es die bessere Technik hätte, mit der das Urlaubsangebot auf der Website dargestellt wird. Dem Kunden ist das leider vollkommen egal. Diese Zielgruppe möchte das Hotel ihrer Wahl zum

günstigsten Preis buchen, die Abläufe im Hintergrund interessieren sie nicht.

Das Unternehmen hat seinen USP von der falschen Seite aus formuliert. Das passiert sehr häufig, und es kann ein Denkanstoß für Sie sein, Ihre eigenen Argumente einmal aus anderer Perspektive zu betrachten.

Im genannten Fall erlaubt die bislang einzigartige Technik dieses Unternehmens, das Angebot aller verfügbaren Urlaubsveranstalter in Echtzeit abzugleichen und dem Website-Besucher nur den tatsächlich besten Deal anzuzeigen. Das ist ein wichtiger Mehrwert, denn die Zielgruppe sind Familien, bei denen größtenteils die Frauen den Urlaub buchen und im anstrengenden Alltag weder Zeit noch Lust haben, stundenlang Preise zu vergleichen.

In Abschn. 2.2 legen wir gemeinsam das Fundament für Ihr erfolgreiches Marketing. Dort möchte ich Sie auch bitten, einmal in die Rolle Ihrer Kunden zu schlüpfen und Ihr Unternehmen von außen zu betrachten.

1.3 Buzzword Content Marketing

Content Marketing ist eines der größten Buzzwords der letzten Jahre. Viele Kleinunternehmer und gerade Einzelkämpfer wiegeln schon ab, wenn sie den Begriff nur hören. Neben der ganzen Arbeit jetzt auch noch bloggen, YouTube-Videos aufnehmen oder sich mit Facebook Live auseinandersetzen? Keine Angst, darum geht es gar nicht.

Definition: Content Marketing

„Der Begriff Content Marketing bezeichnet einen Marketing- beziehungsweise Geschäftsprozess im Rahmen einer Kommunikationsstrategie, bei der relevante und wertvolle Inhalte kreiert werden, die auf eine bestimmte Zielgruppe ausgerichtet sind. Ziel ist es, potenzielle Kunden durch diese Inhalte anzuziehen und darüber hinaus profitable Handlungen zu generieren" (Onlinemarketing.de 2017).

Content Marketing ist Marketing, das Kunden haben wollen
Content Marketing ist Informationsmarketing und die große Chance der Einzelkämpfer. Relevante und wertvolle Inhalte können erst einmal alles Mögliche sein. Anzeigentexte, Produktseiten, E-Mails, natürlich auch Blogartikel oder YouTube-Videos. Das Format ist nicht der ausschlaggebende Faktor. Es geht um den relevanten Inhalt für Ihre idealen Kunden. Wenn Sie ein wirklich gutes Produkt haben, zu dem Sie Ihren Kunden alle nötigen und gewünschten Informationen liefern können, haben Sie die Basis für erfolgreiches Online-Marketing. Stärker noch, Ihr Marketing wird nicht als plumpe Werbung erfahren, sondern als wertvolle Information. Und die akzeptieren Ihre Kunden nicht nur, die wollen sie unbedingt haben.

Viele Neu-Unternehmer, besonders Einzelkämpfer, trauen sich nicht, ihre Produkte aktiv zu bewerben. Häufig gerade nicht bei Freunden und Bekannten. Man möchte ja niemandem auf die Nerven gehen. Arbeiten Sie stattdessen mit Informationen, werden Sie feststellen, dass Ihre Zielgruppe es Ihnen geradezu verübelt, wenn Sie sie nicht informieren.

> **Beispiel: Steuerberater**
>
> Stellen Sie sich vor, Sie sind Steuerberater und arbeiten mit einer neuen Software, die alle wichtigen Daten Ihrer Kunden direkt sammelt und ablegt, sodass der Kunde sich nach der Einrichtung um nichts mehr kümmern muss. Sie bekommen ja alle Daten automatisch und können Ihren Job ohne weitere Rücksprachen erledigen.
>
> In Ihrem Bekanntenkreis haben Sie zahlreiche Unternehmer, die jeden Monat über ihre chaotische Buchhaltung klagen. Glauben Sie, diese Bekannten würden es Ihnen verübeln, wenn Sie sie über Ihr Angebot informierten?
>
> Höchstwahrscheinlich wäre das Gegenteil der Fall. Schließlich lösen Sie ein echtes Problem.

1.3.1 Vorteile des Content- bzw. Informationsmarketings

Wenn Sie echte Probleme lösen oder wichtige Bedürfnisse befriedigen, können Sie davon ausgehen, dass Ihre Kunden online nach

Informationen dazu suchen. Content Marketing bedeutet nur, dass Sie genau diese Informationen liefern, in welcher Form auch immer. Je wichtiger ein Problem für Ihre Kunden ist und je schwieriger sich die Lösungsfindung gestaltet, desto dankbarer sind sie für wertvolle Informationen. Sie kennen das aus Ihrem Alltag sicherlich selbst.

In den meisten Fällen braucht der potenzielle Kunde vor der Kaufentscheidung zahlreiche Informationen, um überhaupt eine Entscheidung treffen zu können. Nehmen Sie zum Beispiel den Hausbau oder auch nur den Abriss einer alten Scheune. Natürlich gibt es zahlreiche Anbieter, aber wie soll der Kunde ohne Vorwissen beurteilen, welcher Anbieter gute Arbeit zu einem angemessenen Preis liefert?

Er wird vorher online recherchieren und versuchen, dieses Wissen aufzubauen. Trifft er bei dieser Recherche immer wieder auf einen Anbieter, der ihm hilfreiche Informationen, auch anhand eigener Praxisbeispiele, liefert, wird er sich mit großer Wahrscheinlichkeit für genau diesen Anbieter entscheiden. Dieser Anbieter hat seine Fachkenntnisse für den Kunden bereits bewiesen. Er ist kein unbeschriebenes Blatt mehr.

1.3.2 Sieben Prinzipien des Überzeugens nach Robert Cialdini

Content Marketing bedeutet also nicht nur, Inhalte zu erstellen, sondern damit Mehrwert zu schaffen und Ihre ideale Zielgruppe zu überzeugen. Robert Cialdinis Werke Influence: The Psychology of Persuasion (2009) und Pre-Suasion (2016) gelten unter Marketern weltweit als Standardwerke. Die von ihm formulierten sieben Prinzipien des Überzeugens bilden die Basis für erfolgreichen Content und generell erfolgreiches Marketing.

Reciprocation
Der Mensch ist bemüht, Ungleichgewichte auszuräumen. Tut jemand etwas für uns, fühlen wir uns fast schon gezwungen, etwas zu erwidern. Ein schönes Beispiel dafür sind Weihnachtskarten und -geschenke.

Social Proof
Der Mensch ist eben doch ein Herdentier und schaut in unbekannten Situationen zuerst auf die Reaktion anderer, um zu entscheiden, welches Verhalten richtig ist.

Commitment and Consistency
Menschen wollen (im Allgemeinen) zu ihrem Wort stehen. Sagt jemand konkret zu, etwas zu tun, ist die Wahrscheinlichkeit, dass er es tatsächlich tut, viel höher als ohne Zusage.

Liking
Ähnlichkeiten und Gemeinsamkeiten schaffen Anziehungskraft. Wir sind eher geneigt, jemandem zu vertrauen, der uns ähnelt. Fremdes dagegen erscheint erst einmal unsicher.

Authority
Autoritäten und Experten helfen uns, uns in neuen oder unsicheren Situationen richtig zu verhalten.

Scarcity
Ein Grundprinzip des Marketings, das unbedingt ethisch korrekt angewandt werden muss: Je knapper etwas ist, desto wertvoller erscheint es uns.

Unity (gemeinsame Werte, Identitäten, Big Ideas)
Unity, die gemeinsamen Werte, beschreibt Cialdini in seinem Buch „Pre-Suasion" (Cialdini 2016) ausführlich. Wenn wir jemanden als „einen von uns" ansehen, vertrauen wir ihm viel eher und sind eher geneigt, etwas für ihn zu tun, als wenn er uns nur ähnelt: „When you're in Unity with your audience, selling looks different. It's more about education, giving all of the information needed to make a good decision, and being honest when a particular product or service isn't the right fit for some segments of your audience" (Cialdini 2016).

Diese sieben Prinzipien sollten generell in jeder Art Content vorkommen. Immer vorausgesetzt, dass Ihr Produkt wirklich so gut ist.

Ausblick: alles braucht seine Zeit
In Abschn. 1.3.2 bis 6.4.1 zeige ich Ihnen Schritt für Schritt, wie Sie Informationsmarketing optimal über alle relevanten Kanäle hinweg einsetzen, Ihre idealen Kunden ansprechen und von sich begeistern. Diesen Prozess habe ich mit zahlreichen Agentur- und Coachingkunden durchlaufen, und ich möchte Sie warnen: Informationsmarketing braucht seine Zeit, um spürbare Resultate zu liefern. Am Anfang werden Sie mehrfach glauben, dass sich der Aufwand nicht lohnt. Geben Sie trotzdem nicht auf, diese Zweifel gehören dazu. Die meisten Unternehmer scheitern kurz vor dem Ziel. Halten Sie durch und glauben Sie daran, mit echtem Mehrwert zu überzeugen. Fast alle Unternehmen, die sich fest daran gehalten haben, sind immer noch (erfolgreich) am Markt. Viele andere gibt es nicht mehr.

Sie kennen dieses Phänomen vielleicht aus dem Sport, der Musik oder von anderen „Leidenschaften". Bei mir ist es der Reitsport. Man trainiert und trainiert, es funktioniert aber einfach nicht. Und irgendwann platzt der Knoten, alles fällt an seinen Platz und ist auf einmal ganz leicht. Bis der nächste Knoten kommt. Aber auch der wird platzen, und dieses Wissen gibt mir die Motivation, jeden Tag um 6 Uhr im Sattel zu sitzen und weiterzumachen.

Ihr Transfer in die Praxis

Stellen Sie sich vor, Sie könnten ab morgen nur noch mit idealen Kunden arbeiten.
- Wie produktiv wäre Ihr Unternehmen?
- Wie motiviert wären Sie?

Literatur

Online Marketing GmbH. 2017. https://onlinemarketing.de/lexikon/definition-content-marketing. Zugegriffen: 2. Juni 2017.

Cialdini, R. 2009. *Influence: The psychology of persuasion*. New York: Harper Collins e-books.

Cialdini, R. 2016. *Pre-Suasion: A revolutionary way to influence and persuade*. New York: Simon & Schuster.

2

Der Grundstein

Idealkunden definieren, finden und verstehen

> **Was Sie aus diesem Kapitel mitnehmen**
> - Wer Ihre idealen Kunden sind
> - Was Ihre idealen Kunden beschäftigt
> - Wie Sie Ihre Zielgruppe(n) mit gezielter Online-Recherche finden

Informationsmarketing funktioniert nur, wenn Sie genau wissen, wen Sie ansprechen wollen und womit. Diese Kunden müssen Sie zunächst definieren, finden und verstehen.

Ein guter Bekannter von mir ist Versicherungsmakler. Eine 08/15-Profession mit einem häufig eher negativen Image. Er ist aber auch begeisterter Freizeitreiter und verbringt viel Zeit im Stall, nicht nur mit den Vierbeinern, sondern auch mit den dazugehörigen Besitzern. Menschen, mit denen er zahlreiche Interessen und Werte teilt. Statt allem und jedem Versicherungen zu verkaufen, hat er sich auf Reiter spezialisiert. Sport- und Freizeitreiter, die alle Risiken rund um ihren Partner Pferd (und häufig auch noch rund um ihren Hund) abgesichert wissen wollen.

- Wer zahlt, wenn mein Zossen den geliehenen Anhänger zerlegt?
- Wie ist die neue Reitbeteiligung abgesichert?
- Was ist mit den Kosten für die OP?
- Brauche ich eine Krankenversicherung für mein Pferd/meinen Hund?

Solche Fragen beschäftigen seine Zielgruppe. Sie stellen sie nicht nur im Stall unter Freunden, sondern zunehmend auch online. In Foren, Facebook-Gruppen und anderen Netzwerken. In den meisten dieser Netzwerke war unser Makler ohnehin privat unterwegs. Da Versicherungen sein Fachgebiet sind, hat er gerne Fragen dazu beantwortet. Über die Jahre hat er so viel Mehrwert geliefert, dass er heute meist schon direkt angesprochen wird, wenn es neue Fragen zu seinem Thema gibt. Versicherungen? Frag Smigel (Dennis Keller), den Vierpfotenmakler. In allen Antworten scheint seine Persönlichkeit durch. Kein Makler-Sprech, sondern konkreter Rat unter Gleichgesinnten. Er gehört zu seiner Zielgruppe, seine Kunden sehen ihn als „einen von uns" (Unity) an, als einen „Experten" (Authority), der schon vielen von uns geholfen hat (Social Proof) und der gibt, ohne etwas dafür zu erwarten (Reciprocity).

Heute arbeitet er ausschließlich mit Reitern. Wer sich zu diesen Themen online informiert, landet immer bei ihm. In Forenbeiträgen, Facebook-Posts oder auf anderen informativen Websites. Er braucht nicht mehr aktiv zu verkaufen, seine Kunden haben sich schon selbst vorab von seinen Qualitäten überzeugt und bitten sogar darum, Kunde werden zu dürfen.

Denken Sie jetzt bitte nicht, das funktioniere nur bei Dienstleistungen. Jedes gute Produkt – und ich gehe davon aus, dass Sie nur solche anbieten – löst ein echtes Problem oder befriedigt ein für den Kunden wichtiges Bedürfnis. In beiden Fällen sucht Ihre Zielgruppe nach Informationen. Tut sie es nicht, ist das Problem nicht wichtig, und Ihr Produkt eignet sich nicht für Einzelkämpfer. Austauschbare Produkte überlassen wir lieber Konzernen wie Coca-Cola, die Milliarden in Werbung investieren können.

2.1 Wer ist der ideale Kunde?

Ihren idealen Kunden definieren Sie selbst! Das mag zunächst ungewöhnlich klingen, aber probieren Sie es einmal.

> **Die wichtigste Frage**
> Wenn Sie sich Ihre Kunden aussuchen könnten, wer wäre das?

Es geht hier nicht um demografische Faktoren wie Alter oder Geschlecht, sondern eher um Werte, Interessen, Eigenschaften und Verhalten. Schauen Sie sich Ihre bisherigen Kunden genau an:

- Mit wem arbeiten Sie am liebsten und warum?
- Welche Kunden möchten Sie unbedingt vermeiden?

Eine gute Zielgruppe ist so genau beschrieben, dass Sie jeden aus der Gruppe mit ähnlichen Argumenten abholen können. Innerhalb eines Unternehmens kann es natürlich mehrere Zielgruppen geben, die individuell abgeholt werden müssen. Wir konzentrieren uns erst einmal auf die wichtigste, Ihre idealen Kunden.

Was beschäftigt diese Kunden?
Stellen Sie sich zu Ihren idealen Kunden folgende Fragen:

- Weshalb kommen diese Idealkunden zu Ihnen?
- Was ist das Problem, für das sie eine Lösung suchen?
- Weshalb ist das Problem wichtig?
- Welche Gedanken gehen ihnen bei der Suche durch den Kopf?
- Wie fühlen sie sich mit diesem Problem?
- Wie würde es ihre Welt verändern, wenn sie eine Lösung hätten?

Wo sind diese Kunden online unterwegs?
Sobald Sie Ihre Zielgruppe genau eingegrenzt haben und sie vor sich sehen können, ist es relativ leicht, genau diese Kunden online zu finden.

Ihre Kunden suchen online nach Informationen zu Problemen, die sie beschäftigen. Diese Probleme kennen Sie jetzt. Verfolgen wir den Weg Ihrer Kunden also einfach nach.

2.2 Zielgruppenrecherche: Schritt für Schritt

Offline – fragen Sie Ihre Kunden
Ja, offline. Wenn Sie bereits einige begeisterte Kunden haben, fragen Sie sie. Persönlicher Kontakt ist der schnellste und beste Weg, um interessante Einblicke zu bekommen:

- Weshalb kaufen Kunden Ihre Produkte?
- Was waren die ausschlaggebenden Gründe für genau dieses Produkt?
- Weshalb haben sie sich für SIE entschieden?
- Wofür genau werden Ihre Produkte eingesetzt?
- Wie würden sie Sie weiterempfehlen (im genauen Wortlaut)?

Im persönlichen Gespräch können Sie nachfragen. Kunden eines Bäckers werden vermutlich erst einmal antworten, dass sie Brot natürlich zum Essen kaufen. Aber wie ernähren sie sich eigentlich, was ist ihnen wichtig? Wann wird welches Brot gegessen, mit welchem Aufstrich und warum? Brot ist zunächst ein einfaches Alltagsgut und kaum geeignet für Einzelunternehmer. Hat die Zielgruppe aber ein wichtiges Problem, z. B. Unverträglichkeiten, bestimmte Ernährungskonzepte oder den Wunsch nach möglichst natürlicher Zubereitung, haben Sie Ihren Ansatz, um Mehrwert zu liefern. Diese Nischenzielgruppen werden von Großunternehmen kaum abgeholt. Natürlich gibt es glutenfreies Brot auch im Supermarkt, Auswahl und Geschmack lassen aber zu wünschen übrig. Wenn Sie genau diese Zielgruppen bedienen, haben Sie hier das Grundkonzept für Ihr Marketing. In Abschn. 2.2 und Kap. 3 zeige ich Ihnen, wie Sie diesen Mehrwert kommunizieren.

Online-Recherche

Bei der Online-Recherche versetzen wir uns in Ihre ideale Zielgruppe. Wir suchen nach Lösungen zu den wichtigsten Problemen, die sie beschäftigen, und schauen, was genau sie dabei entdecken.

Google

Starten Sie auf Google mit Ihren wichtigsten Keywords und schauen Sie, ob es dazu bereits Fragen, Foren, Blogartikel etc. auf den ersten ein bis zwei Seiten gibt. Sind die Ergebnisse zu allgemein, versuchen Sie alle Kombinationen, die Ihre Zielgruppe vermutlich suchen wird.

Vertiefen Sie Ihre Suche mit Kombinationen aus diesen Keywords und zum Beispiel:

- Fragen
- Forum
- Tipps
- Erfahrungen
- Rezepte (Anleitung, Tutorial oder Ähnliches, je nach Branche)
- Warum

Zu jeder Suche wählen Sie jeweils die Ergebnisse, die Interaktion zulassen, also vor allem Foren, Frageportale, Blogs etc. Diese schauen Sie sich anschließend im Detail an.

> Erstellen Sie eine Liste all dieser Portale, Websites, Foren etc., in und auf denen sich Ihre vermutliche Zielgruppe über Ihr Thema austauscht.

In einer weiteren Liste sammeln Sie alle Fragen und Themen, die Ihnen bei Ihrer Recherche auffallen und die interessant sein könnten. Kopieren Sie jeweils den exakten Wortlaut in diese zweite Liste.

Es geht hier nicht um die häufigsten Fragen, sondern vor allem um solche, die sehr ausführlich sind. Jemand, der sich die Zeit nimmt, ein Problem ausführlich zu beschreiben, ist normalerweise auch stark an der Lösung interessiert.

Diese Themenliste sollte neben konkreten Fragen zu Ihrem Thema auch verwandte Themen enthalten, z. B. Fragen nach Rezepten, über gesunde Ernährungsstile, „Wie mache ich meinem Kind Salat schmackhaft?" etc.

Ihr Transfer in die Praxis

1. Beschreiben Sie Ihre idealen Kunden so ausführlich wie möglich. Welche Eigenschaften und Werte teilen sie, welche Probleme und Bedürfnisse beschäftigen sie?
2. Erstellen Sie eine Liste aller Websites, auf denen sich Ihre Zielgruppe austauscht.
3. Erstellen Sie eine zweite Liste mit den wichtigen Themen und Fragen, die Ihre Zielgruppe beschäftigen, möglichst im genauen Wortlaut Ihrer Zielgruppe.

3

Das Fundament

Die optimale Kommunikation – wie begeistern Sie Ihre Idealkunden?

> **Was Sie aus diesem Kapitel mitnehmen**
> - Wie Sie die gesammelten Informationen über Ihre Zielgruppe(n) bündeln
> - Wie Sie die richtigen Argumente für Ihre Zielgruppe(n) finden und auf Ihrer Website sowie in Anzeigentexten formulieren

In diesem Kapitel geht es darum, alles, was Sie bisher über Ihre Zielgruppe erfahren haben, zu bündeln und die Eckpfeiler Ihrer Kommunikation festzulegen. Sobald Sie wissen, worauf Ihre Hauptzielgruppe wirklich Wert legt, formuliert sich die richtige Ansprache auf der Website und in Anzeigentexten fast von selbst. Es geht darum, genau die richtigen Argumente zu finden, die Ihre Wunschkunden gezielt ansprechen. An dieser Stelle sollen Sie noch keine kompletten Texte entwickeln, aber in Stichworten festhalten, welche Bausteine Sie später brauchen.

Erstellen Sie anhand der Ergebnisse Ihrer Zielgruppenrecherche (Abschn. 2.2) eine Liste der Bedürfnisse, Probleme und ausschlaggebenden Argumente Ihrer idealen Zielgruppe, möglichst im genauen Wortlaut. Formulieren Sie anschließend Ihre Unternehmensbeschreibung neu. Sie wollen kein austauschbares Gut sein. Was antworten Sie, wenn jemand Sie auf einer Gartenparty fragt, was sie beruflich machen? „Ich bin Bäcker", „ich bin Versicherungsmakler" oder „ich habe einen Webshop für Kinderspielzeug" sind keine geeigneten Beschreibungen für Einzelkämpfer. Reine Berufsbezeichnungen sind austauschbar und laden nicht zum weiteren Gespräch und zu Nachfragen ein.

Formulieren Sie diese Beschreibung neu und konzentrieren Sie sich auf Ihre Zielgruppe und den tatsächlichen Mehrwert, den Sie liefern:

> Ich helfe .... (Zielgruppe), ... (Ziel) durch .... (ausschlaggebendes Argument) zu erreichen.

> **Beispiel: Berufsbeschreibung Versicherungsmakler**
> „Ich helfe Reitern, genau die passenden Versicherungen (und nur die!) für sich und ihren vierbeinigen Partner zu finden. In verständlichem Deutsch, ohne Makler-Sprech und mit einem persönlichen Ansprechpartner für alle Fragen, rund um die Uhr."
> Das klingt für die Zielgruppe Reiter viel interessanter als: „Ich bin Versicherungsmakler."

3.1 Ihr Mehrwert: Wie wollen Sie das kommunizieren?

Schauen Sie sich Calidinis Prinzipien des Überzeugens und die Erwartungen Ihrer Zielgruppe genau an (siehe Abschn. 1.3.2) und überlegen Sie sich, wie Sie das auf Ihre Kommunikation übertragen können. Gibt es in Ihrem Markt überwiegend große, bekannte Unternehmen, ihre Zielgruppe vermisst aber persönlichen Kontakt und Flexibilität? Dann sollten Sie Ihre Persönlichkeit in den Vordergrund stellen. Die Tatsache, dass Sie als Einzelkämpfer arbeiten und sich persönlich um jeden Kunden kümmern, ist ein starkes Argument und braucht sich nicht hinter einer neutralen Firmen-Website zu verstecken. Welche Ansprache wünscht Ihre Zielgruppe? Hier kann es um so einfache Fragen wie das „Du" oder „Sie" gehen, aber auch um

Kontaktmöglichkeiten. Vielleicht wünscht Ihre Zielgruppe eine persönliche Beratung via WhatsApp oder Facebook Messenger, die noch kein Mitbewerber bietet oder bieten kann. Vielleicht gibt es auch zu wenige Informationen, weil die Konkurrenz ein Betriebsgeheimnis aus ihrer Arbeitsweise macht. Letzteres ist in Dienstleistungsbranchen häufig der Fall. Viele Berater sehen ihr Wissen als wichtigstes Erfolgsgeheimnis und hüten es um jeden Preis. Bei der Zielgruppenrecherche werden Sie zahlreiche Fragen finden, zu denen es noch keine (guten) Antworten gibt. Je häufiger und intensiver solche Themen gesucht und nachgefragt werden, desto interessanter ist das für Sie.

> **Beispiel: Steuerberater**
>
> Haben Sie bitte keine Angst, zu viele Informationen preiszugeben. Nehmen wir als Beispiel einen Steuerberater. Zum Thema Steuern gibt es zahlreiche Fragen und Google-Suchen aus allen möglichen Zielgruppen. Ein guter Steuerberater nutzt diese Nachfragen, um sein Expertenwissen zu demonstrieren, einen Gönnfaktor zu schaffen und eine erste Beziehung zu seiner Zielgruppe aufzubauen. Hier lassen sich Cialdinis Prinzipien hervorragend nachvollziehen.
>
> Natürlich werden einige dieser Besucher die Informationen nutzen, um ihre Buchhaltung selbst zu machen. Aber jeder Unternehmer kommt irgendwann an den Punkt, an dem er das nicht mehr leisten kann und auch nicht mehr will. Wenn er dann auf die Suche nach einem Steuerberater geht, ist die Wahrscheinlichkeit groß, dass er sich an denjenigen wendet, den er bereits kennt und der ihm in der Vergangenheit bereits (mit Informationen) geholfen hat.
>
> Solch ein Kunde, der sich bereits vorgebildet hat, ist für den Steuerberater viel interessanter und meist auch angenehmer in der Zusammenarbeit als einer, der noch ganz am Anfang steht und alle Informationen im persönlichen Gespräch bekommen möchte.

3.2 Ihre Website: Ihr Verkäufer ohne Krankenschein und Urlaubsanspruch

Damit haben Sie jetzt auch schon die Basis für die Inhalte Ihrer Website. Betrachten Sie Ihre Website als vollwertigen Verkäufer, der 24/7 für Sie im Einsatz ist, ohne Urlaub oder Krankentage.

Die wichtigen Bausteine Ihrer Kommunikation haben Sie jetzt. Diese gilt es nun auf die Website zu bringen. Wenn Sie bereits eine Website haben, überprüfen Sie, ob zumindest Ihre Homepage und die wichtigen Seiten genau das ausdrücken.

In den nächsten Kapiteln zeige ich Ihnen, wie Sie die Kundenreise Ihrer Zielgruppe nutzen, um Ihre Website zu strukturieren und die richtigen Informationen zum richtigen Zeitpunkt über die richtigen Kanäle zu liefern.

Ihr Transfer in die Praxis

- Erstellen Sie eine Übersicht Ihrer Kommunikationsbausteine. Welche Argumente, Werte und Eigenschaften sind Ihrer Zielgruppe und Ihnen wichtig?
- Welche wichtigen Themen sollten Sie auf Ihrer Website unbedingt behandeln? Hier geht es um Themen, die häufig nachgefragt, eventuell auch diskutiert werden, zu denen es aber noch keine umfassenden, korrekten Antworten gibt.

4

Online-Marketing-Kanäle
Auswahl und Mix

> **Was Sie aus diesem Kapitel mitnehmen**
> - Welche Marketingkanäle sich in welcher Phase der Customer Journey eignen
> - Wie Sie diese Kanäle auswählen und bespielen
> - Wie Sie Storytelling erfolgreich einsetzen

Online-Marketing soll Ihnen nicht nur Besucher, sondern neue Kunden bringen. Begeisterte Kunden, die immer wieder kommen und Sie weiterempfehlen. Informationsmarketing bedeutet, Ihre idealen Kunden Schritt für Schritt auf ihrer Reise zu begleiten, hilfreich zu sein, Ihren Expertenstatus aufzubauen und eine erste Beziehung zu Ihren zukünftigen Kunden zu knüpfen. In diesem Kapitel geht es konkret darum, wie Ihre Strategie aussehen kann, welche Kanäle sich in welcher Phase eignen und wie Sie diese auswählen und bespielen. Statt des bekannten AIDA-Modells (Attention, Interest, Desire, Action) wählen wir ein einfacheres Modell, das Ihrer Praxis als Einzelkämpfer oder kleinem Unternehmen näherkommt.

Ihre potenzielle Zielgruppe lässt sich, grob gesagt, in drei Bereiche aufteilen:

1. Kein bewusstes Problem, vages Interesse – das ist die größte Zielgruppe. Diese Menschen stehen ganz am Anfang.
2. Das Problem ist bekannt, eine Lösung wird gesucht – dieser Teil der Zielgruppe sucht aktiv nach Informationen.
3. Problem und Lösung sind bekannt – dieser Teil Ihrer Zielgruppe sucht aktiv nach Anbietern.

Menschen im ersten Bereich sind zu weit von einem Kauf entfernt, als dass es sich für Sie lohnen würde, sie aktiv zu bewerben. Wir konzentrieren uns auf den zweiten und dritten Bereich. Der dritte Bereich ist für Sie, besonders am Anfang, am interessantesten. Diese Menschen wissen bereits, welche Lösung sie benötigen und suchen nur noch nach einem passenden Anbieter. Sie müssen sie nicht mehr von der Lösung an sich überzeugen, nur noch davon, dass Sie die beste Lösung sind. Der zweite Bereich ist dagegen ideal, um Ihren Expertenstatus aufzubauen.

4.1 Storytelling und Heldenreise

Ihr potenzieller Kunde ist der Held dieser Geschichte. Sie als Unternehmer begleiten ihn zum Ziel. Wie in jeder Beziehung und bei jeder Entscheidung gibt es Schlüsselmomente, die die weitere Reise bestimmen. Diese Momente entscheiden darüber, ob Ihre (potenziellen) Kunden Ihr Loblied singen oder zur Konkurrenz wechseln.

> Die richtige Unterstützung zur richtigen Zeit in der richtigen Form. Das ist das Ziel Ihres Online-Marketings.

Das Konzept des Storytellings lässt sich sehr gut auf Ihr gesamtes Marketing übertragen. Ihre Kunden sind die Helden dieser Geschichte, die mithilfe Ihres Unternehmens ein bestimmtes Ziel erreichen sollen.

4.2 Schritte der Heldenreise

In der erfolgreichen Heldenreise Ihrer (potenziellen) Kunden gilt es, die folgenden Schritte zu gehen:

1. Normale Welt – Ihre Zielgruppe hat kein akutes Problem.
2. Abenteuer ruft – Das Problem wird akut, der Kunde entschließt sich zur Suche nach einer Lösung.
3. Resistance – Ängste, Zweifel und Ausreden treten auf.
4. Mentor und Geschenk – Der potenzielle Kunde akzeptiert Ihre Informationen und Sie als Helfer.
5. Grenzübertritt – Es kommt zum Kauf.
6. Der Weg – Der Kunde nutzt das Produkt, um sein Problem zu lösen.
7. Erfolg – Wie sieht Erfolg für den Kunden aus?
8. Die neue Welt – Der Kunde hat eine positive Transformation durchlaufen und berichtet darüber.

Diese Schritte bestimmen Ihr Konzept, Ihren Kanalmix und die Informationen, die Sie jeweils einsetzen. Versetzen Sie sich dazu in Ihre idealen Kunden und vollziehen Sie eine solche Reise nach. Eine Experience Map (Ereigniskarte) kann dabei hilfreich sein. Jede Kundenreise enthält Schlüsselmomente. Diese bezeichnen den Übergang von einer in die nächste Phase. Halten Sie für jeden Schlüsselmoment fest, welche Informationen der potenzielle Kunde benötigt, um den nächsten Schritt zu unternehmen.

4.3 Fünf Marketingphasen der Heldenreise

Ihre potenziellen Kunden durchlaufen alle der im Folgenden genannten Phasen. In welcher Phase Ihr Marketing einsetzt, hängt davon ab, wie groß Ihre Zielgruppe in den jeweiligen Phasen ist und wie viele Kunden Sie überhaupt brauchen. Wichtig ist allerdings, dass Sie die nachfolgenden Phasen bis nach dem Kauf dann auch umfassend abdecken.

> **Vermeiden Sie diesen häufigen Fehler**
> Ein Fehler, der insbesondere im Regionalmarketing häufig gemacht wird, ist das Vergessen der jeweils folgenden Phasen der Kundenreise. Stellen Sie sich die Phasen als aufeinanderfolgende Treppenstufen vor, die der potenzielle Kunde nehmen muss, um sein Ziel zu erreichen. Setzt ihr Marketing in Phase 1 ein, müssen Sie die folgenden Phasen ebenfalls bespielen. Sonst fehlt die nächste Stufe und der potenzielle Kunde wählt eine andere Treppe (einen Mitbewerber). Eine gelungene Branding-Kampagne schafft Aufmerksamkeit. Erscheint das Unternehmen aber anschließend nicht mehr, wenn der interessierte Kunde auf die Suche nach detaillierten Informationen geht, landet dieser Kunde bei der Konkurrenz. Ihre Kampagne befeuert also das Marketing Ihrer Mitbewerber.

Phase 1: Aufmerksamkeit
Diese Phase deckt den ersten Punkt der Heldenreise ab. Ihr Marketing soll Aufmerksamkeit für das Problem schaffen und wichtige Ausreden und Ängste ansprechen. In dieser Phase werden Sie die größten Streuverluste haben. Bekannte Beispiele sind TV-Kampagnen von Coca-Cola, McDonalds, IKEA und anderen Konzernen oder verrückte Kampagnen wie der von Red Bull initiierte Sprung aus dem All. Diese Phase will Aufmerksamkeit für ein Problem oder ein Bedürfnis wecken, dessen sich der Adressat noch nicht bewusst ist.

Kanäle in dieser Phase: Massenmedien wie TV, Radio und Print, Online-Magazine und Influencer mit großer Reichweite, aber auch Programmatik-Advertising-Kanäle wie Facebook.

Über Programmatik Advertising können Sie zumindest einige Merkmale Ihrer Zielgruppe festlegen. Trotzdem werden Ihre Inhalte auch sehr viele Menschen erreichen, die dieses Problem wirklich nicht haben und niemals Ihre Kunden werden.

Geeignet für Einzelkämpfer: Eher nicht.

Phase 2: Autorität/Expertenstatus
Diese Phase bezieht sich auf die nächsten zwei Punkte der Heldenreise. Der „Held" ist sich des Problems bewusst und begibt sich auf die Suche nach Informationen. Gleichzeitig wird er von eigenen Ängsten und Ausreden zurückgehalten. Ihr Marketing in dieser Phase hat das Ziel,

Sie als Experte zu positionieren. Autorität und Expertenwissen können nur demonstriert, nicht aber eingefordert werden.

> Jeder kann sich als Experte bezeichnen, deshalb wird es aber noch lange nicht geglaubt.

In dieser Phase müssen Sie Fachwissen demonstrieren. Hier greifen außerdem die Prinzipien Reciprocity, Social Proof und Liking.

Kanäle in dieser Phase: Eigene Blogs, Videoportale, Podcasts, Gastartikel, Interviews, Fachbeiträge in Online-Magazinen, Foren, aber auch Suchmaschinenmarketing und Facebook-Kampagnen.

Aus Kap. 2 wissen Sie bereits, wo sich Ihre Kunden informieren. Genau dort wollen Sie erscheinen. Besonders geeignete Maßnahmen sind Anleitungen, How-to-Artikel, Fallbeispiele und Interviews, die Wissen vermitteln und dem Leser helfen, ein Problem zu lösen. Diese Hilfestellung ist ein sehr wichtiges Element Ihres Marketings. Der Leser vertraut Ihnen umso mehr, wenn er bereits erfahren hat, dass Sie ihm helfen konnten. Gleichzeitig entsteht ein gefühltes Ungleichgewicht, da Sie ihm geholfen haben, ohne eine Gegenleistung zu erwarten. Fallbeispiele zeigen zusätzlich Social Proof: Bei anderen Menschen mit ähnlichen Problemen hat es auch funktioniert. Die Art, wie solcher Content erstellt wird, die Stimme und die Persönlichkeit dahinter, zielen auf Gemeinsamkeiten ab. Leser, die ähnlich denken, fühlen sich besonders angesprochen.

Geeignet für Einzelkämpfer: Absolut.

Diese Phase ist zwar mit Aufwand verbunden, erfordert aber nur geringen oder gar keinen finanziellen Einsatz. Zusätzlich profitieren Sie langfristig, da viele solcher Beiträge auch nach Jahren noch online verfügbar sind, gefunden werden und Ihre eigene Präsenz verstärken. In den meisten Fällen werden Sie dabei auch Links zu Ihrer Website generieren, die Ihre eigenen Positionen in den Suchmaschinen verstärken.

Phase 3: Affinität
Der Held findet seinen Mentor und erhält die notwendige Unterstützung, um sein Ziel zu erreichen. In dieser Phase gehen Sie über den Status als sympathischer Experte hinaus. Hier geht es um das Unity-Prinzip: Werte, Weltverständnis und große Ideen.

> Menschen kaufen von Menschen, die sie kennen, mögen und denen sie vertrauen.

Sehen Ihre Kunden Sie als „einen von uns", sind all diese Faktoren gegeben. Ihr Marketing soll in dieser Phase die Menschen und die Persönlichkeit hinter dem Unternehmen zeigen. Wofür stehen Sie, und was bewegt Sie? Der potenzielle Kunde soll sich mit Ihnen identifizieren.

Kanäle in dieser Phase: Die eigene Website, eigene Social-Media-Kanäle, Suchmaschinenmarketing, Facebook und Programmatik Advertising, E-Mail-Marketing und, je nachdem, in welcher Branche Sie tätig sind, ein erster persönlicher Kontakt, zum Beispiel per Telefon, Livechat oder sogar persönlich vor Ort.

Diese Phase ist ungemein wichtig und muss an die vorhergehende anschließen. In der zweiten Phase geben Sie sich viel Mühe, Ihren Expertenstatus aufzubauen und eine erste Beziehung zu schaffen. Kommt der potenzielle Kunde jetzt auf eine neutrale, sachliche Website mit Marketingsprech, ist der Bruch zu groß, und er wird mit großer Wahrscheinlichkeit enttäuscht zur Konkurrenz abwandern.

Geeignet für Einzelkämpfer: Auf jeden Fall.

Wenn Sie bereits in der vorherigen Phase eingestiegen sind, müssen Sie ohnehin alle nachfolgenden Phasen abdecken, um potenzielle Kunden nicht an Mitbewerber zu verlieren. In vielen Branchen können Sie aber auch von Ihren Mitbewerbern profitieren und erst in dieser Phase einsteigen. Wenn ein großer Teil Ihrer Zielgruppe bereits von der Lösung, die Sie anbieten, überzeugt ist, aber noch keinen passenden Anbieter gefunden hat, ist diese Phase ein guter Start für Sie.

Phase 4: Aktion
Ohne Aktion kann der Held der Geschichte seine Ziele nicht erreichen. Er muss irgendwann handeln, um seine Heldenreise fortzusetzen. Ihr Marketing zielt in dieser Phase auf den Kauf ab. Das Prinzip Scarcity (Verknappung) wird hier gern eingesetzt, um den potenziellen Kunden zur Handlung zu bewegen. Ist Ihr Marketing gut abgestimmt, sprechen Sie in dieser Phase nur solche Menschen an, die Sie in den vorherigen Phasen bereits vorbereitet und von sich überzeugt haben. Dann ist die Handlungsaufforderung ethisch unbedenklich und wird auch nicht als unmoralisch erfahren. Schließlich wollen Sie keinen Unsinn verkaufen, sondern Ihrem Helden konkret dabei helfen, seine Ziele zu erreichen. Dazu braucht es häufig einen kleinen Schubs.

Kanäle in dieser Phase: E-Mail-Marketing, Remarketing über AdWords, Facebook oder Programmatik Advertising, die eigene Website, aber auch der erste persönliche Kontakt.

Geeignet für Einzelkämpfer: Ja, sogar unbedingt notwendig.

Phase 5: Online-Marketing nach dem Kauf
Die Heldenreise Ihrer Kunden endet nicht mit dem Kauf. Ihre Kunden werden Ihre Produkte bzw. Dienstleistungen erst einsetzen müssen, um ihre Ziele zu erreichen. Je komplexer Ihr Angebot, desto höher sind die an Sie gestellten Ansprüche in dieser Phase. Sie haben vermutlich selbst schon einige Produkte gekauft, die Sie doch nie eingesetzt haben, weil sie zu schwierig waren. Bei Software-Produkten passiert das häufig, weil die Lernkurve für den Anbieter hoch ist. Photoshop ist ein schönes Beispiel dafür. Auf Google gibt es mehr als 13 Mio. Suchergebnisse für „Photoshop Tutorial". Die meisten stammen nicht vom Hersteller Adobe.

Das gilt aber genauso für andere Produkte, die nicht selbsterklärend sind. Was müssen Ihre Kunden wissen, um mit Ihrem Angebot das beste Resultat zu erreichen? Eine Küchenmaschine bringt Ihrem Kunden wenig, wenn er nicht kochen kann. Und auch eine Unkrauthacke hilft nicht weiter, wenn jemand, wie ich, Unkraut nicht von Zierpflanzen unterscheiden kann.

Zahlreiche Informationen haben Sie sicher bereits in den vorangehenden Phasen geliefert. Sie kennen Ihre eigenen Kunden am besten. Welche Fragen bekommen Sie nach dem Kauf immer wieder? Weshalb werden Produkte zurückgegeben? Nutzen Sie das Wissen über diese Probleme, um nach dem Kauf konkrete Hilfestellung zu geben. Das können Anleitungen, Rezepte, Erklärvideos oder sogar Videokurse und Coachinggespräche sein.

Kanäle in dieser Phase: E-Mail-Marketing, Kundenbereich auf der eigenen Website, Online-Kursplattformen, persönlicher Kontakt und mehr.

Geeignet für Einzelkämpfer: Absolut.

Denn gerade die Begleitung nach dem Kauf wird von größeren Unternehmen häufig vernachlässigt. Hier können Sie Ihren Vorteil, die persönliche Beziehung zu Ihren Kunden, optimal ausspielen.

Ziel Ihres Marketings in dieser Phase ist es, dass möglichst viele Ihrer Kunden den gewünschten Erfolg erfahren und anschließend anderen darüber berichten. Offline wäre das die wohlbekannte Mund-zu-Mund – Propaganda. Ein sehr wichtiges Element, leider aber eines, das nur recht wenige Menschen erreicht. Online können Sie Ihre Kunden um Bewertungen bitten, Fallstudien mit ihnen erstellen, die Sie wiederum auf Ihrer Website, Social-Media-Kanälen, in Ihrem E-Mail-Marketing oder in Form von Gastartikeln auf anderen Websites einsetzen können. Ihre Reichweite erhöht sich im Vergleich zur offline Variante ungemein. Zufriedene, begeisterte Kunden sind die beste Werbung, und Sie haben die Möglichkeit, die Erfahrungen dieser Kunden online zu nutzen, um weitaus mehr Menschen von sich zu überzeugen, als es durch klassische Weiterempfehlungen möglich wäre.

> **Beispiel: innovatives Produkt in gesättigtem Markt mit starker Konkurrenz**
>
> Ein Kunde von mir hat vor einigen Jahren eine Kompressionshose für Fußballspieler entwickelt, die alle bisher bekannten Formen von Kompressionskleidung deutlich übertrifft. Die Konkurrenz in diesem Markt ist extrem ausgeprägt, und Fußballspieler von einer Hose zu überzeugen, die sich wie eine Strumpfhose anziehen lässt, ist nicht unbedingt

einfach. Das Problem (Oberschenkelverletzungen) war zwar bekannt und auch recht akut bei der Zielgruppe, sie glaubte aber nicht an diese Lösung. Bekannte Konkurrenten hatten bereits ähnliche Produkte, die aber nicht gut genug waren, um eine spürbare Wirkung zu erzielen. Wissenschaftliche Studien halfen nur begrenzt. Tests mit Profispielern bewiesen, dass das Verletzungsrisiko deutlich gesenkt werden konnte; das reichte aber nicht, um die Zielgruppe der Amateurspieler davon zu überzeugen, dass ihnen das recht teure Produkt wirklich helfen könnte.

Statt auf weltbekannte Profispieler hat sich die Kampagne auf Spieler regionaler Vereine und Nachwuchstalente konzentriert, die in ihrem Umfeld viel mehr Glaubwürdigkeit haben. Diese Spieler haben die Produkte getestet und darüber berichtet. Diese Erfahrungsberichte wurden auf der Website, aber auch für Anzeigen, vor allem auf Facebook, eingesetzt, die sich nur an Menschen richteten, die genau diese Spieler gut kennen und ihrem Urteil vertrauen. Erfahrungen von Amateuren haben die Kampagne deutlich verstärkt, weil die Zielgruppe sich mit ihnen identifizieren konnte. Große Namen eignen sich nicht immer, um diese Identifizierung zu erreichen. Sie sind meist zu weit weg von der eigentlichen Zielgruppe.

In diesem Fall hätte es nicht ausgereicht, sich auf Suchmaschinenoptimierung, Foren und Ähnliches zu konzentrieren, weil die potenziellen Kunden von ähnlichen Lösungen bereits enttäuscht waren. Es mussten erst einige Probanden gefunden werden, mit denen die Zielgruppe sich identifizieren konnte. Eine solche Kampagne ist nicht von Beginn an profitabel. In diesen Fällen lohnt es sich aber, in sogenannte Beta-Tester zu investieren und das Marketing auf deren Erfahrungen aufzubauen.

Wenn Sie bereits begeisterte Kunden haben, nutzen Sie deren Erfahrungen.

In den folgenden Kapiteln schauen wir uns die verschiedenen, für Sie relevanten Online Marketingkanäle im Detail an. Die Reihenfolge ist nicht festgelegt. Wie Sie diese Kanäle für Ihr Unternehmen kombinieren, hängt von der Heldenreise Ihrer Kunden ab.

Ihr Transfer in die Praxis

1. Versetzen Sie sich in Ihre idealen Kunden und vollziehen Sie deren „Heldenreise" nach. Welche Schlüsselmomente gibt es, und welche Informationen und Unterstützung benötigen Sie jeweils? Visualisieren Sie diese Informationen in einer Ereigniskarte.
2. Versuchen Sie, diese Reise in der Praxis zu machen. Starten Sie mit der Orientierungsphase. Wie wird Ihr idealer Kunde beginnen, sich zu

informieren? Vielleicht beginnt er mit einem allgemeinen Suchauftrag über Google. Welche Ergebnisse bekommt er? Welche Informationen bekommt er auf den Seiten, die er dann besucht, und wie sehen die weiteren Schritte aus?
3. Halten Sie dabei fest, welche Kanäle und Portale bzw. Websites Ihre idealen Kunden wahrscheinlich auf Ihrer „Reise" finden. Genau dort müssen Sie anwesend (und hilfreich) sein.

Weiterführende Literatur

Clark, B. (2017). How to know exactly what content to deliver to convert more prospects. Zugegriffen: 03. Mai 2017.

Weaver, A. (2017). Storyhacking: Cracking the code behind the irresistible selling power of stories. Zugegriffen: 17. Apr. 2017.

5

Search Engine Optimization (SEO)
Werden Sie das beste Ergebnis für Ihre idealen Kunden

> **Was Sie aus diesem Kapitel mitnehmen**
> - Wie Sie Ihre Website für Suchmaschinen optimieren
> - Welche technischen Rankingfaktoren Ihre Website weit vorne in den Suchergebnissen erscheinen lassen
> - Wie Sie als lokales Unternehmen gezieltes Regionalmarketing betreiben
> - Wie Verlinkungen zu einem besseren Suchmaschinenranking führen können

Suchmaschinenoptimierung ist einer der wichtigsten Kanäle für passionierte Einzelkämpfer, die mit Informationsmarketing echten Mehrwert schaffen wollen. In diesem Kapitel konzentrieren wir uns auf Google, weil die Suchmaschine mit über 90 % Marktanteil die wichtigste in Deutschland ist. Alle Maßnahmen funktionieren aber auch für andere Suchmaschinen wie z. B. Bing.

Google ist Ihr Freund! Google möchte dem Suchenden schnellstmöglich das beste Ergebnis liefern. SEO dreht sich schon lange nicht mehr um technische Faktoren oder gar Tricks, um die Suchmaschine zu überlisten. Google ist immer schlauer geworden und mittlerweile

(Stand 2017) bereits sehr gut in der Lage, aufgrund zahlreicher Faktoren Thema und Relevanz Ihrer Inhalte einzuschätzen. Für ehrliche, motivierte Unternehmer eine absolut positive Entwicklung. Schließlich möchten Sie für Ihre Kunden doch auch das beste Ergebnis sein.

> Auch wenn Sie alles andere vergessen, merken Sie sich vor allem eines: Ihre Inhalte müssen direkten Mehrwert für konkrete Probleme und Bedürfnisse liefern, die Ihre Zielgruppe beschäftigen.

Fehlt dieser Mehrwert, können auch die besten SEO-Maßnahmen keine guten Positionen erreichen. Gute Inhalte können aber durchaus durch schlechte Optimierung ausgebremst werden. In diesem Kapitel lernen Sie, wie Sie genau das vermeiden und Ihre Inhalte sowohl Google als auch Ihren Besuchern leicht zugänglich machen.

5.1 On-page SEO

„On-page" bedeutet, dass wir alles betrachten, was auf Ihrer Website passiert und von Ihnen beeinflusst werden kann.

Die wichtigsten Faktoren

- URL-Struktur und Navigation
- Ein Hauptthema pro Seite
- Meta Title
- Seitentitel
- Meta Description
- Überschriften
- Alt und Title Tags der Bilder
- interne Links und Linktitel
- strukturierte Daten

Besuchersignale

- Klickrate
- Absprungrate
- Interaktion
- Zeit auf der Seite

Allgemein

Empfehlenswert ist generell eine Baumstruktur. Ihre Website wird höchstwahrscheinlich einen thematischen Schwerpunkt haben, zu dem es Unterpunkte gibt. Die Homepage zeigt das Hauptthema Ihrer Website, darunter liegen Kategorieseiten, eventuelle Subkategorien und Detailseiten. Bekannte Beispiele sind große Webshops wie Amazon oder Zalando, Urlaubsportale wie Booking.com oder auch Holidaycheck oder Handwerkermärkte wie MyHammer.de.

Die URL-Struktur sieht dann logischerweise in etwa so aus:

domain.de
domain.de/kategorie
Eventuell: domain.de/kategorie/subkategorie
domain.de/kategorie/detailseite

Welche Unterthemen relevant sind, wissen Sie bereits aus Abschn. 1.3.2. Die Themen, die Ihre idealen Kunden beschäftigen, müssen auf die Website.

Ein Hauptthema pro Seite

Es geht nicht darum, eine Seite für ein bestimmtes Keyword zu optimieren, sondern vielmehr um Keyword-Themen.

> **Beispiel 1: Dachsanierung**
> Eine reine Keyword-Optimierung, wie sie noch vor einigen Jahren funktionierte, würde bedeuten, eigene Seiten jeweils für „Dach sanieren", „Dachsanierung", „Dächer sanieren" etc. zu optimieren. Stellen Sie sich nur einmal vor, Sie müssten für all diese Seiten einzigartige Inhalte erstellen. Kaum möglich, das Thema ist schließlich exakt das gleiche. So weit ist

> Google auch. Deshalb optimieren wir für Keyword-Themen. Jedes Thema muss dem Besucher möglichst umfassende Informationen liefern. Je vollständiger, desto eher sieht Google Sie als relevantes Ergebnis.
>
> **Beispiel 2: Dachsanierung München**
> Auf den oberen Positionen erscheinen jeweils die gleichen Einträge für die Suchbegriffe „Dachsanierung München" und „Dach sanieren München".

Zu jedem Hauptthema gibt es wichtige Subthemen, im Falle der Dachsanierung z. B. „Kosten", „Förderungen", „energetische Sanierung", „Wärmedämmung" usw. Sie kennen Ihre idealen Kunden bereits aus Kap. 2, es sollte Ihnen also hier nicht schwerfallen, relevante Subthemen zu identifizieren. Ergänzen Sie diese Informationen mit Keyword-Recherche und der Autofill-Funktion von Google, haben Sie eine gute Übersicht, welche Themen und Subthemen Ihre Website beinhalten sollte.

Keyword-Recherche
Um herauszufinden, welche Suchbegriffe Ihre Zielgruppe verwendet, können Sie verschiedene, meist kostenlose, Tools einsetzen. Die Basis hierzu liefern Ihre Zielgruppenrecherche und Ihr Angebot. Sie wissen, was Sie anbieten und welche Probleme und Fragen Ihre Zielgruppe beschäftigen. Damit starten Sie Ihre Keyword-Recherche.

Google Keyword Planer
Das bekannteste Tool dazu ist der Keyword Planer von Google, zu finden in Google AdWords unter Tools. Hier geben Sie die Suchbegriffe ein, die Ihre Zielgruppe wahrscheinlich verwendet, um nach Angeboten wie Ihrem bzw. nach Problemlösungen zu suchen.

Sie bekommen eine Liste aller Suchbegriffe, die zu diesem Thema passen. Zu jedem Suchbegriff sehen Sie das durchschnittliche Suchvolumen pro Monat und die Konkurrenz in Google AdWords. Konkurrenz sollte in diesem Schritt kein ausschlaggebendes Kriterium für Sie sein. Das wiederholen Sie für alle wahrscheinlich relevanten Suchbegriffe, bis Sie eine umfangreiche Liste aller möglichen

Suchbegriffe haben, die Ihre Zielgruppe verwenden könnte. Diese Liste laden Sie herunter, zum Beispiel als Excel-Datei.

Sie können diese Liste mit weiteren Tools ergänzen:

Google Autofill
Geben Sie Ihre wichtigen Suchbegriffe in der Google-Suche ein und fügen Sie alle relevanten Varianten, die Google Ihnen vorschlägt, zu Ihrer Liste hinzu.

Keywordtool.io
Dieses Tool wertet die Autofill-Funktion aus und liefert Ihnen zahlreiche Longtail-Suchbegriffe, also solche mit eher geringen Suchvolumen. In der kostenlosen Variante ist das Tool eingeschränkt und zeigt zum Beispiel keine Informationen zum Suchvolumen. Trotzdem ist es hilfreich, um Ideen für ergänzende Themen und Blogartikel zu finden.

SEO-Tools
Gängige SEO-Tools wie SEMrush (Abb. 5.1), Searchmetrics oder Xovi bieten ebenfalls Möglichkeiten für die Keyword-Recherche. Sie können Sie aber auch verwenden, um zu analysieren, auf welche Suchbegriffe Ihre Mitbewerber setzen. Eine sehr gute Informationsquelle, wenn Sie einige größere Mitbewerber haben. Websites mit sehr niedrigen Besucherzahlen können solche Tools kaum analysieren.

Keywords kategorisieren
Jede Seite der Website soll genau ein Thema haben. Um die jeweils richtigen Suchbegriffe zu verwenden, kategorisieren Sie die Keyword-Liste. Dazu fügen Sie in der Excel-Liste zwei bis drei Spalten hinzu: Hauptkategorie, Subkategorie und eventuell eine weitere für Details. Bei einem Webshop wäre die Hauptkategorie der Seitentyp, zum Beispiel Homepage, Kategorieseite, Produktseite, Themenseite oder Blogartikel. Die Subkategorie bezeichnet das Thema der Seite. Ist eine weitere Unterteilung notwendig, kommt die Detailkategorie zum Einsatz. Letzteres kann sinnvoll sein, wenn es zu einem Thema verschiedene Schwerpunkte gibt.

Abb. 5.1 Konkurrenzanalyse bei SEMrush

Sortieren Sie die Liste anschließend nach Hauptkategorie, Subkategorie und dann nach monatlichem Suchvolumen (absteigend), haben Sie die wichtigsten Suchbegriffe für jede Seite festgelegt. Diese Suchbegriffe sollen im Inhalt, in den Meta Tags, den Überschriften, der Bildoptimierung, internen Links etc. vorkommen.

Meta Title und Description
Der Meta Title gehört zu den Rankingfaktoren, im Gegensatz zur Meta Description und den Meta Keywords. Meta Title und Description Ihrer Seiten werden in der Google-Ergebnisliste angezeigt. Sie sind Ihre Visitenkarte. Potenzielle Kunden sehen nur dieses kleine Stück von Ihnen und entscheiden nur auf dieser Basis, ob sie Ihre Website überhaupt besuchen (und Ihnen eine Chance geben). Beide müssen deshalb in erster Linie für den Besucher geschrieben werden. Überlegen sie sich, was die ausschlaggebenden Argumente für Ihre Kunden sind, zu Ihnen zu kommen, jeweils für das Thema der Seite.

Wenn Sie mehrere Hotels besitzen und jedes Hotel eine Hauptseite auf Ihrer Website bekommen soll:

Obwohl alle Gäste bei Ihnen buchen, können die Gründe je nach Hotel komplett unterschiedlich sein. Das Drei-Sterne-Hotel an der Küste richtet sich vielleicht an Familien, die einen günstigen Urlaub in Strandnähe mit Kinderprogramm suchen. Das Fünf-Sterne-Wellnesshotel im Schwarzwald aber eher an Senioren, die Ruhe, Entspannung, hochklassigen Service und Natur erleben möchten.

Dieses Beispiel ist natürlich extrem, als Einzelkämpfer werden Sie eine eher einheitliche Zielgruppe haben. Wenn Sie mehrere Produkte und Dienste anbieten, können die wichtigen Argumente aber abweichen.

> **Praxistipp**
>
> Der Titel muss die wichtigsten Keywords (das Hauptthema) enthalten. Die Meta Description kann sie enthalten, muss aber nicht. Das Gesamtergebnis soll den richtigen Sucher vor allem überzeugen, Ihnen eine Chance zu geben.
>
> Versetzen Sie sich in Ihre potenziellen Kunden. Wenn Sie nach diesem Thema googlen, nach welchen Kriterien wählen Sie den Anbieter (in der Suche) aus? Die wichtigen Bausteine dazu haben Sie ja bereits definiert.

Inhalt und Überschriften
Der Inhalt einer jeden Seite ist das wichtigste Kriterium. Jede Seite hat genau ein Thema, das möglichst umfassend inklusive aller für Ihre Zielgruppe relevanten Subthemen behandelt werden sollte.

h1: Dabei handelt es sich um das Hauptthema der Seite. Jede Seite sollte nur eine h1 enthalten, die das Hauptthema beschreibt.

h2 – hn: Weitere Zwischenüberschriften werden absteigend mit h2 bis hn gekennzeichnet. Diese können Sie jeweils mehrfach einsetzen, allerdings sollte die Relevanz deutlich werden. Eine h2 ist wichtiger als eine h3 oder h4. Zwischenüberschriften helfen Google, die wichtigen Elemente des Inhalts zu erkennen. Gleichzeitig erleichtern sie es dem Besucher, den Text zu scannen und schnell zu entscheiden, ob für ihn relevante Informationen enthalten sind. Zwischenüberschriften müssen relevant sein und sollten wichtige Suchbegriffe (siehe Keyword-Recherche) aufgreifen.

Bildoptimierung
Bilder sind für den Besucher wichtig, für Google aber nicht verständlich. Google zieht deshalb den Title Tag, den Alt Tag und die URL des Bildes heran, um dessen Inhalt einzuordnen. Im beliebten Content-Management-System Wordpress sieht das aus wie in Abb. 5.2.

Die meisten Content-Management-Systeme erstellen die URL des Bildes automatisch aus dem Dateinamen. Geben Sie dem Bild also möglichst bereits auf Ihrem Computer einen sprechenden Dateinamen,

Abb. 5.2 Bildoptimierung bei Wordpress.org

Ruhigen Gewissens unterwegs?

Zusammengefasst erscheint es doch sinnvoller und vor allem stressfreier, schon vor einer Panne in Ruhe die Autoclubs zu vergleichen und darüber nachzudenken, welcher am besten zu Ihnen passt.

[Automobilclubs vergleichen]

Abb. 5.3 Interne Verlinkung bei Pannenhilfevergleich.de

der das Thema enthält. Platzieren Sie Bilder möglichst innerhalb eines relevanten Textabschnitts.

Interne Links und Linktitel

Die interne Verlinkung soll in erster Linie Ihren Besuchern helfen, sich auf Ihrer Website zurechtzufinden. Achten Sie darauf, keine Sackgassen entstehen zu lassen. Überlegen Sie sich auf jeder Seite, was der Besucher dort tun sollte. Auf einer Seite mit allgemeinen Informationen zu einem Thema möchte er sich anschließend vermutlich detaillierter über ein Angebot informieren. Jede Website hat bestimmte Navigationspfade, die im Idealfall der Customer Journey (Heldenreise) folgen. Der potenzielle Kunde tritt je nach Phase in seiner Customer Journey am für ihn relevanten Punkt ein und findet die gesuchten Informationen. Von dort aus soll er schon fast automatisch bis zur Problemlösung begleitet werden, dem Kauf und Einsatz Ihrer Produkte. Verwenden Sie als Linktext möglichst sprechende Begriffe statt des nichtssagenden „Klicken Sie hier" (Abb. 5.3).

> **Praxistipp**
>
> Gehen Sie nicht davon aus, dass Besucher sich Ihre gesamte Website ansehen. Wichtige Informationen müssen immer direkt zugänglich sein. Die interne Verlinkung erleichtert Ihren Besuchern die Navigation. Auch wenn der Link bereits im Menü steht, so ist dieses nicht immer im Bild, und der Besucher wähnt sich in einer Sackgasse. Verwirrte Besucher entscheiden sich eher dazu, Ihre Website einfach wieder zu verlassen. Und kommen in den meisten Fällen nie wieder zurück.

Strukturierte Daten

Strukturierte Daten sind eine weitere Möglichkeit, bestimmte Inhalte konkret zu kennzeichnen, damit Google sie einordnen und häufig auch

> **Industriemeister Elektrotechnik IHK in 16 Wochen » TA Bildungszentrum**
> www.ta.de/industriemeister-elektrotechnik-ihk.html ▼
> Als **Industriemeister Elektrotechnik** IHK sichern Sie sich eine höhere Position im Unternehmen.
> Gestalten Sie Arbeits- und ... TA Bildungszentrum **Hannover**
>
> Mo., 17. Juli ✓ Industriemeister ... TA Bildungszentrum Göttingen
> Mo., 17. Juli ✓ Industriemeister ... TA Bildungszentrum Hameln
> Mo., 17. Juli ✓ Industriemeister ... TA Bildungszentrum Hannover

Abb. 5.4 Anzeige strukturierter Daten bei einer Google-Suche. (© 2015 Google Inc., Verwendung mit Genehmigung. Google und das Google-Logo sind eingetragene Marken von Google Inc.)

zusätzlich in den Suchergebnissen anzeigen kann (Abb. 5.4). Ein solches Suchergebnis liefert konkretere Informationen und wird eine höhere Klickrate bekommen als eines ohne strukturierte Daten. Dazu gehören zum Beispiel:

- Veranstaltungen
- Produkte und Dienstleistungen: interessant für Webshops, lokale Geschäfte und Dienstleister
- Rezepte, Filme und Ähnliches
- Local Business (mehr dazu unter Abschn. 5.1)

Alle Möglichkeiten finden Sie unter http://schema.org/. Die Implementierung ist je nach Content-Management-System unterschiedlich. Wenn Sie Wordpress nutzen, können Sie Plugins wie https://de.wordpress.org/plugins/wp-structuring-markup/ verwenden, oder Sie fragen Ihren Programmierer.

5.2 Technik

Die wichtigsten technischen Rankingfaktoren sind die folgenden:

Ladezeit
Die Ladezeit der Website ist eines der wichtigsten technischen Kriterien. Sie sollte auf allen Geräten möglichst kurz sein. Ob Ihre Website den Anforderungen entspricht, können Sie mit diesem Tool von Google testen: https://developers.google.com/speed/pagespeed/

Eine häufige Ursache langer Ladezeiten ist der Hosting-Anbieter. Das günstigste Angebot muss nicht das beste sein. Verlängert sich die Ladezeit auf mehrere Sekunden, kann das günstige Angebot zu teuren Verlusten führen.

Weitere häufige Ursachen:

- Verwendung großer, unkomprimierter Bilddateien
- Kein Browser-Caching
- Verwendung zu vieler Scripts, die die Ladezeiten verlängern

Wenn Sie Tools von Drittanbietern wie zum Beispiel ein Livechat-Tool, verwenden, kontrollieren Sie die Ladezeit mit und ohne das Tool. Oft lohnt es sich, solche Tools erst zu laden, wenn der Inhalt der Seite vollständig geladen wurde. Die Kontrolle können Sie mit dem genannten Google-Tool selbst durchführen, mit der Optimierung sollten Sie Ihren Programmierer beauftragen, es sei denn, Sie haben bereits ein gutes Fachwissen.

Mobile

Bereits 2015 gab Google bekannt, dass mehr als 50 % der Suchanfragen über mobile Endgeräte kamen. Die genauen Zahlen sind je nach Branche und Land unterschiedlich, aber auch in Deutschland sind 50 % und mehr mobile Besucher absolut keine Seltenheit mehr. Ihre Website muss auf jedem Gerät funktionieren und leicht zu bedienen sein.

SSL-Verschlüsselung

Ein noch recht neues, aber nicht unwichtiges Kriterium. Einerseits ist es tatsächlich ein Rankingfaktor, andererseits wird Google in naher Zukunft unverschlüsselte Websites als nicht sicher ausweisen. Sie können sich sicher vorstellen, welche Auswirkungen das auf die Klickraten solcher Websites haben wird.

Saubere Programmierung

Dieser Punkt ist kein direktes Rankingkriterium. In der Praxis sind aber gerade unter Kleinunternehmern günstige Baukasten-Websites und privat erstellte Seiten noch weit verbreitet. Viele (nicht alle) sind nicht optimal programmiert und/oder lassen sich nur schwer optimieren. Arbeiten Sie möglichst mit einem in der Praxis bewährten Content-Management-System. Wordpress ist ein sehr gutes System, mit dem sich auch mit kleinem Budget sehr gute Websites realisieren lassen. Wordpress eignet sich besonders für inhaltsstarke Websites und wird gerne von Dienstleistern und lokalen Geschäften eingesetzt. Eine gute Alternative ist Contao. Für Online-Shops ist es weniger geeignet. Für sie sind zum Beispiel Shopware oder Magento gute Optionen, allerdings ist der Funktionsumfang von Magento für Einzelkämpfer häufig zu groß.

5.3 Linkaufbau

Links sind auch 2017 noch aktuell und wichtig. Google sieht Links externer Websites als Empfehlungen Ihrer Website. Allerdings gilt das nur für thematisch relevante Links seriöser Websites. Links von Websites, die Google als Spam einordnet, wirken sich dagegen negativ auf Ihre Positionen aus. Achten Sie also vor allem darauf, wenn Sie Dritte beauftragen, und kontrollieren Sie genau, wo Ihre Links herkommen. Dazu können Sie gängige SEO-Tools einsetzen, die wir uns in diesem Kapitel ebenfalls anschauen.

> Ein wirklich guter Link ist einer, der Ihnen tatsächlich direkt Besucher bringt!

Generell sind Links von starken Websites wie beispielsweise von öffentlichen Einrichtungen (Universitäten, staatliche Einrichtungen, Handelskammern usw.), bekannten Nachrichtenmagazinen (Spiegel, Welt) und anderen großen Portalen enorm hilfreich, aber auch mit hohem Aufwand verbunden.

Einfache Links
Lokale Links werden wir in Abschnitt 5.4.5 noch genauer besprechen. Auch wenn Sie bundesweit tätig sind, können Sie einige dieser Ansätze

übernehmen. Überlegen Sie einmal, wer in Ihrem weiteren Netzwerk eine Website hat, die thematisch zu Ihrem Unternehmen passt. In den meisten Fällen wird diese Liste länger, als Sie glauben.

Relevante Verzeichnisse
Es gibt tatsächlich noch Verzeichnisse im Internet, die einige Relevanz haben. Yameda für Mediziner haben wir bereits angesprochen. Erscheinen Verzeichnisse auf den ersten zwei Seiten der Google-Suche zu Ihren wichtigen Suchworten? Dann sollten Sie dort auf jeden Fall genannt werden. Nicht nur des Links wegen, sondern auch, weil einige potenzielle Kunden Sie über diesen Weg finden werden.

Starke Links
Starke Links bekannter Websites sind, wie bereits gesagt, mit Aufwand verbunden. Arbeiten Sie mit Universitäten oder anderen öffentlichen Einrichtungen zusammen? Vielleicht haben Sie gemeinsam etwas veröffentlicht? Dann wäre das eine gute Gelegenheit für eine Verlinkung Ihrer Website.

Fachmagazine sind regelmäßig auf der Suche nach neuen Inhalten. Gibt es in Ihrer Branche Online-Magazine und Websites, für die Sie einen Gastartikel schreiben oder ein Interview anbieten könnten? Studienergebnisse und Umfragen sind eine weitere Möglichkeit, auch größere Magazine auf sich aufmerksam zu machen. Betreiben Sie zum Beispiel ein lokales Reisebüro und Sie sehen eine starke Zunahme bestimmter Trends, könnte das je nach Jahreszeit auch für die Online-Ausgabe Ihrer Lokalzeitung interessant sein. Lokale Unternehmer werden vor allem in ruhigen Zeiten häufig um Zitate gebeten. Meist wird keine Verlinkung angeboten, es schadet aber nicht, danach zu fragen.

Bekannte Produkte und Software
Viele Unternehmer setzen spezielle Software-Produkte bekannter Firmen ein. Viele dieser Firmen freuen sich über Kundenstimmen und nennen dazu auch gern Ihre Website. Auf diese Weise haben wir in der Vergangenheit auch schon Links von Adobe bekommen.

Gezielte Suche nach Backlink-Optionen

Sie brauchen das Rad nicht neu zu erfinden. Schauen Sie sich an, wer zu Ihren wichtigsten Suchworten auf den oberen Positionen steht und analysieren Sie deren Linkprofil. Tools wie SEMrush oder Xovi zeigen Ihnen, welche Websites zu diesen Seiten verlinken (Abb. 5.5). Kontrollieren Sie diese Linklisten genau. Viele Links werden von Seiten kommen, die nicht wertvoll sind. Jedes Tool, das Sie für eine solche Recherche verwenden, verwendet Kriterien, um die Stärke einer jeden verweisenden Domain auszuwerten.

Domain Score	Trust Score	Root-Domain
53	57	mail-archive.com
49	43	juraforum.de
42	46	gruenderszene.de
38	44	internetworld.de
37	34	myip.cn
37	43	wuv.de
36	41	piratenpartei.de
35	41	deutsche-startups.de
35	40	motor-talk.de
35	39	folkd.com
33	39	wallstreet-online.de

Abb. 5.5 Beispiel einer Backlink-Recherche mit SEMrush

Wenn Sie diese Recherche für alle Websites durchführen, die auf den ersten Positionen in Google gelistet sind, haben Sie anschließend eine recht umfangreiche eigene Liste mit Backlink-Optionen.

Schauen Sie sich anschließend jede Seite genau an. Weshalb haben Ihre Mitbewerber Links von diesen Seiten bekommen? Was können Sie diesen Portalen anbieten?

5.4 Local SEO

Wenn Sie ein Geschäft vor Ort führen oder in einer bestimmten Region tätig sind, möchten Sie sicherlich nicht bundesweit werben. Local SEO ist dann eines der wichtigsten Elemente in Ihrem Online-Marketing-Mix.

5.4.1 Google My Business

Google My Business kennen Sie höchstwahrscheinlich schon. Die wichtigsten Punkte, auf die Sie dabei achten sollten:

Ihr Name
Laut den Richtlinien muss Ihr Unternehmensname exakt so angegeben werden, wie er offiziell lautet. Heißt Ihr Friseurgeschäft zum Beispiel „Mrs. Tuffy", dürfen Sie auf My Business nicht als „Friseursalon Mrs. Tuffy" erscheinen.

Kategorien
Sie können mehrere Kategorien auswählen. Leider ist die Auswahl aktuell noch begrenzt, und in einigen Fällen werden Sie keine exakt passende Kategorie finden. Wählen Sie die relevanteste und konzentrieren Sie sich auf die anderen Punkte.

Bewertungen
Mittlerweile zeigt Google in den Unternehmenseinträgen nicht nur Google-Bewertungen, sondern auch Bewertungen aus anderen Quellen, z. B. von Facebook, ekomi oder Provenexpert. Aktuell sieht es aber danach

aus, als würden Google-Bewertungen noch immer stärker gewichtet. Bitten Sie Ihre zufriedenen Kunden daher möglichst um solche Bewertungen.

Dazu können Sie diesen Link verwenden, der Ihre Kunden direkt zu Ihren Bewertungen führt.

https://search.google.com/local/writereview?placeid=<place_id>.

Google Place-ID für Bewertungen finden (Quelle: © 2015 Google Inc., Verwendung mit Genehmigung. Google und das Google-Logo sind eingetragene Marken von Google Inc.)

Ihre place_id finden Sie in der Places API https://developers.google.com/places/place-id.

Dort geben Sie Ihre Standortinformationen ein, meist reicht Ihr Unternehmensname.

5.4.2 Strukturierte Daten für lokale Geschäfte

Ihre Standortinformationen stehen wahrscheinlich bereits auf Ihrer Website. Diese können Sie mit strukturierten Daten zusätzlich kennzeichnen, damit Google Sie leichter findet. Je nach Branche haben Sie unterschiedliche Möglichkeiten. Eine ausführliche Liste finden Sie hier: https://developers.google.com/search/docs/data-types/local-businesses.

In allen Branchen sollten auf jeden Fall diese Daten gekennzeichnet werden:

- Unternehmensname
- Adresse
- Telefonnummer
- Öffnungszeiten

Je nach Branche können Unterkategorien angegeben werden, zum Beispiel:

- Hotel
- Restaurant
- Autohaus
- Reisebüro

Eine Liste der möglichen Kategorien finden Sie hier: https://schema.org/LocalBusiness.

5.4.3 Website-Optimierung für lokale Geschäfte

Auf Ihrer Website sollte Ihr Standort – bzw. Ihre Standorte – natürlich genannt werden. Das mag logisch klingen, es gibt aber noch immer zahlreiche Websites, deren Betreiber anscheinend voraussetzen, dass ihre Besucher wissen, wo sie zu finden sind. Wenn Sie einen Standort haben und nur dort aktiv sind, machen Sie das schon auf Ihrer Homepage deutlich. Im Inhalt, in den Meta Tags, in der Bildoptimierung und in Linktexten sollte Ihr Standort auf natürliche Weise vorkommen. Enthält die Seite 20 Bilder, sollten Sie natürlich nicht in jedem Bild Ihren Standort nennen.

> **HOTELchen – eine kleine Pension in Lübeck**
>
> **Meta Title:** Das HOTElchen Lübeck – Gemütliche Pension mit Frühstück
> Lübeck wird sowohl im Titel als auch in der Hauptüberschrift (h1) genannt und der Inhalt der Homepage hat einen deutlichen Bezug zu Lübeck. Das ist in diesem Fall auch absolut sinnvoll, denn nur der Name HOTELchen verrät niemandem, wo es sich befindet.

5.4.4 Branchenverzeichnisse

Neben allgemeinen Branchenverzeichnissen wie Yelp, Foursquare oder GoYellow gibt es zahlreiche andere, branchen- oder ortsspezifisch. Für Mediziner ist Yameda zum Beispiel eines der wichtigsten Portale. Nutzen Sie möglichst all diese Portale und achten Sie darauf, Ihre Einträge aktuell und konsistent zu halten. Wenn Sie das nicht selbst betreuen möchten, können Sie mit spezialisierten Dienstleistern arbeiten. Dort können Sie Ihre Daten zentral pflegen, und der Anbieter sorgt dafür, dass sie überall korrekt ausgespielt werden.

Ein weiterer Vorteil ist, dass Ihre Daten für Dritte gesperrt werden, andere Besucher an Ihren Firmendaten also nichts ändern können.

5.4.5 Lokale Links

Links lokaler Websites zu Ihrer Seite stärken Ihre lokale Position. Dazu können beispielsweise die folgenden zählen:

- Vereine, in denen Sie Mitglied sind oder die Sie sponsern
- Lokale Zeitungen und Online-Magazine
- Verbände und Vereinigungen, zum Beispiel Handelskammern oder Unternehmerverbände
- Partnerunternehmen und Websites Ihrer Kunden

Im besten Fall bekommen Sie von solchen Websites nicht einfach einen Link auf einer Partnerseite, sondern eine Verlinkung im Rahmen eines redaktionellen Artikels. Sponsern Sie z. B. einen örtlichen Verein, wird dieser sicherlich gerne darüber berichten. Partnerunternehmen werden ihre guten Lieferanten meist auch gerne vorstellen. Vielleicht halten Sie auch einmal einen Vortrag bei einer Vereinigung, oder die lokale Presse schreibt über ein Firmenjubiläum oder andere Ereignisse. Bitten Sie einfach darum, Ihre Website zu verlinken.

Ihr Transfer in die Praxis

Erstellen Sie einzigartige Inhalte, die direkten Mehrwert liefern und konkrete Probleme Ihrer Zielgruppe lösen.

Kontrollieren Sie Ihre Website
- Sind alle wichtigen Themen Ihrer Zielgruppe vorhanden, ausführlich und hilfreich dargestellt?
- Hat jedes Thema eine eigene Seite?
- Passen Meta Title, Meta Description und Überschriften zum jeweiligen Thema der Seite?
- Ist Ihre URL-Struktur sprechend und logisch aufgebaut?

Keyword-Recherche
- Erstellen Sie eine Liste der wichtigen Keywords, die Ihre potenziellen Kunden suchen könnten.
- Kategorisieren Sie diese nach Themen.
- Kontrollieren Sie, ob diese Themen auf Ihrer Website eigene Seiten haben und die Keyword-Themen dort vollständig behandelt werden.

Meta Title und Meta Description
Kontrollieren Sie die wichtigen Seiten Ihrer Website in der Google-Suche: Wie ansprechend sind Title und Description formuliert? Heben Sie sich von Ihren Mitbewerbern ab, und kommunizieren Sie die für Ihre Zielgruppe ausschlaggebenden Argumente?

Strukturierte Daten
- Kontrollieren Sie, ob Ihre wichtigen Seiten strukturierte Daten enthalten. Verwenden Sie dazu das Test-Tool für strukturierte Daten von Google (https://search.google.com/structured-data/testing-tool/u/0/).
- Schauen Sie auf schema.org, welche Formen der strukturierten Daten für Ihr Unternehmen relevant wären.

Technik
- Kontrollieren Sie die Ladegeschwindigkeit Ihrer Website mit dem Tool Google Page Speed unter https://developers.google.com/speed/pagespeed/.
- Kontrollieren Sie die mobile Optimierung Ihrer Website unter https://search.google.com/test/mobile-friendly.
- Testen Sie Ihre Websites selbst über mobile Endgeräte, und bitten Sie möglichst auch einige Personen Ihrer Zielgruppe, das Gleiche zu tun.

Local SEO
- Legen Sie einen Account bei Google My Business an und vervollständigen Sie Ihr Profil.
- Kontrollieren Sie, welche Branchenportale relevant sind und legen Sie dort vollständige Einträge an.
- Erstellen Sie eine Liste der lokalen Vereine, Organisationen, Medien, Partnerunternehmen u. a., von denen Sie einen Link zu Ihrer Website bekommen möchten, und kontaktieren Sie diese.

Linkbuilding allgemein
Welche informativen Websites und Medien besucht Ihre Zielgruppe, welche erscheinen zu Ihren wichtigen Keywords? Dort sollen Sie erscheinen. Informieren Sie sich, ob es Möglichkeiten für Gastartikel, Interviews u. a. gibt.

Weiterführende Literatur

Google Inc. 2015. https://adwords.googleblog.com/2015/05/building-for-next-moment.html. Zugegriffen: 27. Mai 2017.

Searchmetrics. 2016. Rebooting Ranking-Faktoren Google.de, Whitepaper. Zugegriffen: 10. Juni 2016.

6

Unbezahlte Online-Marketing-Kanäle

Branchenforen, Soziale Netzwerke und
E-Mail-Verteiler nutzen

> **Was Sie aus diesem Kapitel mitnehmen**
> - Welche unbezahlten Marketingkanäle es gibt
> - Wie Sie diese Kanäle möglichst erfolgreich für Ihr Marketing nutzen
> - Dass E-Mail-Marketing mehr ist als das Verschicken von Newslettern mit Angeboten

SEO mag der bekannteste „kostenlose" Marketingkanal sein, aber es ist bei Weitem nicht der einzige, den Sie für sich nutzen können. In Kap. 1 haben Sie Dennis Keller bereits kennengelernt. Der Versicherungsmakler ist ausschließlich über seine Beiträge in Reitsportforen und daraus resultierende Weiterempfehlungen in seiner Zielgruppe äußerst bekannt geworden. Ohne finanziellen Einsatz, allerdings mit hohem Zeitaufwand über mehrere Jahre.

Alle Kanäle, die Sie in diesem Kapitel kennenlernen, kosten zwar kein Geld, erfordern dafür aber umso mehr Aufwand von Ihnen. Sie kosten Zeit. Komplett kostenloses, erfolgreiches Marketing gibt es nicht. Ob Sie überwiegend bezahlte oder unbezahlte Kanäle einsetzen möchten, hängt davon ab, ob Sie mehr Zeit oder mehr Geld investieren können. Unbezahlte Marketingkanäle eignen sich hervorragend, um

Ihren Ruf als Experte Ihres Fachs aufzubauen. In allen Fällen geht es darum, potenziellen Kunden hilfreiche Informationen zu liefern, ohne eine Gegenleistung zu erwarten. Das können Gastartikel auf anderen Websites, zum Beispiel Blogs oder Online-Magazine sein. Es können Foren, soziale Gruppen oder andere Online-Netzwerke sein. Dort, wo Ihre Zielgruppe sich zu Ihren Themen informiert, sollten Sie anwesend sein (siehe Kap. 2).

> Wirklich kostenlose Kanäle gibt es nicht – mindestens ein wenig Zeit müssen Sie investieren.

6.1 Foren

Foren werden im Online-Marketing mittlerweile meist vernachlässigt. Sie gelten als altmodisch in Zeiten von Facebook & Co. Letztendlich gehören Foren aber genauso zur Welt der sozialen Medien. Es gibt immer noch zahlreiche aktiv genutzte Foren. Nicht jedes Thema eignet sich für Facebook-Gruppen. Besonders zu Themen mit hohem Informationsbedarf gibt es einige interessante Foren. Forenmarketing eignet sich daher auch eher für Dienstleister bzw. Unternehmen, die Produkte mit entsprechendem Informationsbedarf anbieten. Bekannte Foren finden Sie nicht nur im Reitsport, auch Autoliebhaber, Computerfans etc. tauschen sich dort noch immer aus. In Abschn. 2.2 haben Sie Foren zu Recherchezwecken kennengelernt. Wenn Sie sich bereits eine Liste mit den für Sie wichtigen Foren und Themen angelegt haben, wird der Einstieg jetzt umso leichter werden. Sinn und Zweck eines Forums ist der Informationsaustausch. Um solche Plattformen zu nutzen, müssen Sie bereit sein, direkt hilfreiche Informationen zu geben, ohne eine Gegenleistung zu erwarten. Dennis Keller hat das in den vergangenen zehn Jahren erfolgreich demonstriert. In keinem seiner Forenprofile oder Beiträge findet sich ein Link oder irgendeine Form des Verkaufens. Seine Antworten auf seriöse Fragen sind immer ausführlich, persönlich und direkt hilfreich.

Grenzen ziehen

Natürlich müssen klare Grenzen gezogen werden, was offen im Forum oder in anderen sozialen Gruppen und Netzwerken beantwortet werden kann und wofür eine tatsächliche Beratung notwendig ist. Dennis Keller zieht diese Grenze deutlich, erklärt aber auch, weshalb einige Fragen, insbesondere zu persönlichen Situationen, nur im Rahmen eines Beratungsgesprächs geklärt werden dürfen.

Relevante Foren finden und nutzen

Wie Sie Foren finden, haben Sie in Abschn. 2.2 bereits gesehen. Eine Google-Suche zu Ihrem Thema und „Forum" reicht in den meisten Fällen aus.

Beispiel: Gesunde Ernährung Forum (Abb. 6.1), ca. 658.000 Ergebnisse.

Forum: Gesunde Ernährung - BRIGITTE Community
bfriends.brigitte.de/foren/gesunde-ernaehrung/ ▼
Gesunde Ernährung - Was sind Ihre Tipps für eine gesunde Ernährung?

Ernaehrung - Forum - gesundheit.de
https://www.gesundheit.de/forum/ernaehrung-fitness-foren/ernaehrungs-forum ▼
In diesem Forum können sich Nutzer zu Fragen und Problemen rund um das Thema Essen und ...
Gesunde Ernährung auf Reisen, 2, 24.01.2017 (Sommerlilly).

Forum - gesundheit.de
https://www.gesundheit.de/forum ▼
Herzlich willkommen im Forum. Das Forum Gesundheit bietet Ihnen folgende Möglichkeiten: ...
Ernährung & Fitness Foren, Benutzer, Themen, Datum ...

Forum Ernährung & Diäten - bei Onmeda
www.onmeda.de/forum/ernährung-diäten ▼
Wie sieht gesunde Ernährung aus? In unserem Forum Ernährung & Diäten können Sie Fragen zu ernährungsrelevanten Themen stellen und diskutieren.

Gesund Essen Forum | Seite 1 | Chefkoch.de
www.chefkoch.de › Foren ▼
Spannende Diskussionen über Gesund Essen im Forum von Chefkoch.de. ... Heuschnupfen & Histaminarme Ernährung am 03.03.2017 23:30 von ...

Abb. 6.1 Suchanfrage „Forum" und „gesunde Ernährung" bei Google.de. (© 2015 Google Inc., Verwendung mit Genehmigung. Google und das Google-Logo sind eingetragene Marken von Google Inc.)

Gesunde Ernährung - GoFeminin
gesundheit.gofeminin.de › Forum › Fit & Gesund ▾
22.10.2005 - 9 Beiträge - 3 Autoren
Meine Antwort darauf war: "Mich **gesund zu ernähren**.". Das hat bei mir eigentlich nichts .....
forum.logi-methode.de durch und überlege dir, was ...

Gesunde Ernährung: Diese 10 Tipps sollten wirklich ALLE kennen
www.gofeminin.de › Fit & Gesund › Diät & Ernährung ▾
31.07.2016 - Seid ihr auch ganz verwirrt, wenn es um **gesunde Ernährung** geht? Wir machen den Neustart und erklären euch die Grundregeln für eine ...

gesunde ernährung - Ernährung - Forum - Strunz
https://www.strunz.com/de/forum/gesunde-ernaehrung-2 ▾
Ich finde strunz ganz gut suche leute in Berlin wer lust hat mit strunz wissen **gesund** zu leben. ich bin anfängerin im thema strunz und hoffe das sich viele ...

Gesunde Ernährung Forum | Diskussionen, Fragen und Antworten für ...
www.paradisi.de › ... › Gesundheit & Ernährung Forum › Ernährung & Diäten Forum ▾
Fragen **Gesunde Ernährung**. Möchten Sie zu Essen, Kalorienarm oder Nährstoffe eine Frage stellen? Dann sind sie hier genau richtig.

Abb. 6.1 (Fortsetzung)

Lesen Sie zu Anfang nur regelmäßig mit und entwickeln Sie ein Gefühl für die Zielgruppe, die dort unterwegs ist. In den meisten Foren können Sie sich informieren lassen, wenn es neue Beiträge zu Ihren Themen gibt. Nutzen Sie diese Möglichkeit, damit Sie nicht jedes Forum aktiv durchsuchen müssen. Wenn es eine neue Frage zu Ihren Themen gibt, antworten Sie möglichst sofort. Je aktueller, desto besser. Antworten Sie ausführlich und direkt hilfreich.

Forenlinks

Wenn Sie auf Ihrer Website oder Ihrem Blog detaillierte Informationen zu diesem Thema haben, die einen echten Mehrwert darstellen, können Sie auch dorthin verlinken. Dieser Mehrwert muss aber gegeben sein. Ein häufiger Fehler, der meist zum Ausschluss aus dem Forum führt, ist eine reine Verlinkung ohne Erklärung dazu. Reißen Sie das Thema an und erläutern Sie die wichtigsten Punkte. Wenn Sie dann auf einen detaillierten Artikel verweisen, kann der Leser selbst entscheiden, ob er diese Informationen haben möchte. Er hat zumindest eine klare Vorstellung davon, was ihn erwartet. Solche Verlinkungen werden in den meisten Fällen akzeptiert.

Zweck des Forenmarketings
Zum einen sind Sie direkt in Ihrer potenziellen Zielgruppe, zeigen Ihr Expertenwissen (Cialdini-Prinzip 4, Authority) und erzielen mit hilfreichen Antworten einen Gönnfaktor (Reciprocity). (vgl. Cialdini 2016) Forenlinks sind immer noch häufig Dofollow-Links, gute Foren helfen daher Ihrem Linkprofil und damit Ihren Google-Rankings. Zusätzlich haben Foren den Vorteil, dass sie meist offen (ohne Log-in) zugänglich sind und von Google sehr gut gefunden werden. Sie erhöhen also Ihre Chancen, von potenziellen Kunden entdeckt zu werden, die nach Informationen suchen. Auch diese neuen Forenbesucher können sich durch Ihre hilfreichen Informationen direkt von Ihrem Wissen überzeugen.

6.2 Soziale Gruppen

Cialdinis (2016) Prinzipien gelten hier genauso wie in Foren. Gruppen in sozialen Netzwerken wie Facebook, Xing oder LinkedIn haben allerdings den Nachteil des notwendigen Log-ins, das heißt, die Inhalte werden kaum oder gar nicht über die Grenzen der Gruppe hinaus gestreut. Dieses Log-in ist aber auch ein Vorteil, da sich die Mitglieder in vielen Gruppen recht gut kennen und es entsprechend einfacher ist, in kürzerer Zeit ein Vertrauensverhältnis aufzubauen.

Eine Hamburger Rechtsanwältin ist zum Beispiel in der Facebook-Gruppe der Digital Media Women aktiv. Ihr Fachgebiet sind rechtliche Fragen zum Thema Digitalisierung. Dazu passt diese Gruppe sehr gut, denn hier tauschen sich (überwiegend, aber nicht nur) Frauen aus digitalen Berufen aus. Gibt es Fragen zu rechtlichen Themen, wird sie von anderen Gruppenmitgliedern meist schon vorgeschlagen, bevor sie selbst darauf antworten kann. Natürlich darf sie als Rechtsanwältin im Rahmen einer solchen Gruppe nicht direkt beraten, aber sie kann Hintergrundinformationen geben und hilfreiche Anreize liefern. Vor allem kann sie aber durch Inhalte und Ton ihrer Antworten einen Bezug zu ihrer Zielgruppe schaffen. Andere Gruppenmitglieder können sich so eher ein Bild davon machen, was für ein Mensch sie eigentlich ist. Für einen Anwalt kein unwichtiger Faktor, schließlich muss der Mandant seinem Anwalt vertrauen. Stimmt die Chemie, ist die Zusammenarbeit viel einfacher.

6.3 Informative Websites und Nachrichtenportale

In fast jeder Branche gibt es Branchenmagazine, Nachrichtenportale, Blogs und andere informative Websites. Bei Ihrer Recherche in Abschn. 2.2 werden Sie bereits auf einige gestoßen sein, andere kennen Sie womöglich aus Ihrem Alltag. Sie stellen weitere mögliche Kontaktpunkte zu Ihrer Zielgruppe dar. Informiert Ihre Zielgruppe sich auf einem Portal, sollten Sie dort anwesend sein. Das gilt umso mehr, wenn diese Website zu Ihren wichtigen Suchbegriffen auf den vorderen Google-Positionen gelistet ist. Im Vergleich zu Foren und sozialen Gruppen ist der Aufwand hier um einiges höher. Statt auf Fragen zu antworten, müssen Sie in Vorleistung gehen.

Recherche
Legen Sie sich eine Liste der für Sie relevanten Websites an. Anschließend lesen Sie zunächst einmal mit. Welche Themen, Artikel und Autoren bekommen besonders viel Resonanz? Solche Portale haben eine Redaktion und benötigen regelmäßige Inhalte. Ihre Herausforderung ist es, dafür zu sorgen, dass Sie zu Ihren Themen diese Inhalte liefern dürfen. Ergänzen Sie Ihre Liste mit Themenideen für jedes Portal.

Einige Portale sind generell offen für Gastartikel und liefern auf ihren Websites auch Informationen, in welcher Form solche Artikel einzureichen sind. Gibt es diese Möglichkeit nicht, müssen Sie kreativer werden. Recherchieren Sie, welche Autoren sich mit Ihren Themen beschäftigen, und bauen Sie eine Beziehung zu ihnen auf.

Dieser Weg lässt sich am ehesten mit der klassischen PR-Arbeit vergleichen. Zwar könnten Sie einfach Pressemeldungen veröffentlichen, aber die Wahrscheinlichkeit, dass diese von renommierten Medien aufgenommen werden, ist erfahrungsgemäß gering. Anders sieht es aus, wenn ein Journalist Sie und Ihre Arbeit persönlich kennt. Dasselbe gilt für Gastartikel oder Interview-Möglichkeiten online.

Möglichkeiten für den Beziehungsaufbau

- Kommentare zum Artikel direkt auf dem jeweiligen Portal
- Twitter
- Facebook
- LinkedIn/Xing
- E-Mail
- Offline: Branchenmessen und -veranstaltungen

Dieser Weg erfordert viel Arbeit, dafür ist das Resultat meist entsprechend besser. Diese Portale haben eine Reichweite und Glaubwürdigkeit in Ihrer Zielgruppe, die Sie als Einzelkämpfer kaum erreichen können. Zusätzlich werden sie in den Suchmaschinen sehr gut gelistet. Eine ideale Möglichkeit für Sie, Ihre Zielgruppe an weiteren Punkten der Customer Journey zu erreichen und von der Glaubwürdigkeit des Portals zu profitieren. Ihr Ziel sollte sein, zu Ihren Themen in den wichtigsten Portalen zu Wort zu kommen.

Relevante Themen finden
Um herauszufinden, welche Themen auf einer Website besonders viel Resonanz bekommen, können Sie verschiedene Tools einsetzen:

Soziale Signale
Socialcrawlytics (https://socialcrawlytics.com/): Dieses Tool zeigt Ihnen genau, welche Artikel/Seiten einer Website am meisten auf den bekannten Plattformen geteilt werden. Außerdem können Sie bei größeren Websites sehen, welche Autoren am häufigsten geteilt werden und auf welchen Plattformen.

Zusätzlich interessant sind Facebook-Kommentare zu diesen Artikeln. Dort sehen Sie nicht nur, dass ein bestimmter Artikel für die Zielgruppe interessant war, sondern Sie bekommen in den Kommentaren häufig weitere Informationen:

- Was war besonders gut?
- Was fehlte?
- Welche Positionen gibt es, wo gibt es besonders viel Diskussionsstoff?

SEO-Tools
SEO-Tools wie SEMrush, Xovi und Searchmetrics ermöglichen Ihnen umfassende Analysen anderer Websites.

In diesem Fall ist für Sie zum Beispiel interessant, welche Inhalte die meisten Besucher über Google Organic erhalten. Inhalte, die seit Monaten oder Jahren hohe Besucherzahlen verzeichnen, werden mit sehr hoher Wahrscheinlichkeit beliebt sein.

Der zweite Indikator sind Backlinks. Sehr gute Inhalte werden normalerweise auch häufig verlinkt. In Ihrem SEO-Tool können Sie ebenfalls sehen, welche Seiten einer Website besonders viele Links bekommen und von wem.

Kommentare zum Artikel
Sind Kommentare zugelassen, ist auch das für Sie ein wichtiger Indikator. Zahlreiche Kommentare zeigen, dass das Thema bei der Zielgruppe dieser Plattform gut ankommt. Achten Sie aber unbedingt auch auf den Inhalt der Kommentare, gerade zu Themen aus Ihrem Bereich. Was hat den Lesern besonders gut gefallen, was nicht und was hat gefehlt? Diese Informationen übernehmen Sie in Ihre Themenliste. So bekommen Sie ein immer umfassenderes Bild Ihrer Zielgruppe auf dem jeweiligen Portal und können anschließend Ihre Artikel exakt auf deren Wünsche abstimmen.

Ihr Transfer in die Praxis

1. Erstellen Sie eine Liste der wichtigen Portale, Themen und Autoren.
2. Welche Art Artikel kommen hier besonders gut an (z. B. konkrete Ratgeber, Listenartikel, Interviews oder Videoinhalte)?
3. Bemühen Sie sich um einen ersten Beziehungsaufbau zu den für Sie relevanten Autoren.
4. Liefern Sie ergänzende Informationen zum Beispiel in Kommentaren.
5. Erstellen Sie konkrete Inhalte für das jeweilige Portal und bieten Sie diese dem jeweiligen Autor/Chefredakteur an.

Bedenken Sie, dass Journalisten und Autoren größerer Portale sehr beschäftigt und gefragt sind. Wenn Sie keine Antwort bekommen, haken Sie nach und geben Sie nicht auf. Wenn Ihre Artikel einen hohen Mehrwert bieten, wird dieser Weg Erfolg haben.

6.4 E-Mail-Marketing

E-Mail-Marketing ist nicht tot, obwohl das in Zeiten der sozialen Medien gerne behauptet wird. E-Mail-Marketing ist sogar weltweit einer der profitabelsten Marketingkanäle. Es lohnt sich also, sich näher mit dem Thema zu beschäftigen.

Mythos: E-Mail-Marketing bedeutet das Verschicken von Newslettern mit Angeboten
Solche E-Mails kennen Sie sicherlich zur Genüge. Meist landen sie direkt im Spam-Ordner, falls nicht, bleiben sie weitgehend unbeachtet. Bekannte Formen solcher Newsletter kommen von Zalando, Amazon oder Reiseanbietern. Für Einzelkämpfer ist diese Form des E-Mail-Marketings nur bedingt sinnvoll. Schließlich wollen Sie vermutlich keinen Preiskampf beginnen, sondern Kunden gewinnen, die Ihren Wert zu schätzen wissen.

6.4.1 Informationsmarketing per E-Mail

Variante A: Produkte und Dienstleistungen mit hohem Informationsbedarf
E-Mail ist Ihre Chance, direkt in Kontakt mit potenziellen Kunden zu treten und sie von Ihrem Mehrwert zu überzeugen. Es geht hier nicht um gekaufte E-Mail-Adressen, sondern um Menschen, die sich bewusst und aktiv für den Empfang Ihrer E-Mails entschieden haben.

> **Beispiel: Weiterbildungen**
>
> Weiterbildungen sind verhältnismäßig teure Produkte mit hohem Informationsbedarf vor dem Kaufentschluss. Die direkte Conversion Rate des Weiterbildungsanbieters in diesem Beispiel liegt bei unter einem Prozent. Das heißt, 99 % der Website-Besucher verlassen die Website wieder. Die große Mehrheit wird nicht zurückkommen oder muss erneut über verschiedene, teils bezahlte Kanäle, „eingekauft" werden.
>
> E-Mail-Marketing ist hier der Schlüssel zu einer deutlich höheren Conversion Rate. Der Erstbesucher wird sich kaum dazu entschließen, direkt eine Weiterbildung im Wert von mehreren Tausend Euro zu buchen. Das Marketing dieses Anbieters ist aber sehr zielgerichtet, die Besucher gehören überwiegend zur idealen Zielgruppe. Sie sind sich nur noch nicht sicher und benötigen mehr Informationen. Dazu können sie direkt auf der Website ein Infopaket zu der entsprechenden Fortbildung anfordern. Sie erhalten die gewünschten Informationen und bekommen anschließend mehrere E-Mails mit weiteren relevanten Informationen. Am Ende dieser Serie hat der potenzielle Kunde alle für ihn notwendigen Informationen, und er hat den Anbieter durch diese erste Kommunikation bereits kennengelernt. Hat er alle E-Mails geöffnet und gelesen, aber noch nicht gebucht, wird ihm nun noch ein persönliches Beratungsgespräch angeboten, um seine letzten Fragen zu klären.
>
> In diesem Beispiel liegt die Conversion Rate für die Informationsanfrage im Schnitt bei drei bis vier Prozent. Das ist noch nicht sehr hoch, da die Website noch einiges Optimierungspotenzial hat. Trotzdem kommt das Unternehmen so jeden Tag in Kontakt mit weiteren potenziellen Kunden, die die Website sonst einfach wieder verlassen hätten. Es bekommt die Chance, sich zu beweisen. Von diesen E-Mail-Empfängern werden im Schnitt 30 % tatsächlich zu Kunden. Diese Kunden hätte das Unternehmen ohne E-Mail-Marketing verloren.

Automatisierte E-Mails

Eine solche E-Mail-Serie können Sie weitgehend automatisieren. Zwar muss sie aufgebaut, kontrolliert und je nach Erfolg auch optimiert werden, aber grundsätzlich funktioniert diese Serie ohne Ihren Einsatz. Diese Form des E-Mail-Marketings funktioniert besonders gut bei hochwertigen Produkten mit hohem Informationsbedarf. Für Sie hat eine solche Serie den zusätzlichen Vorteil, dass Ihre potenziellen Kunden automatisch alle relevanten Informationen bekommen, bevor sie persönlichen Kontakt mit Ihnen aufnehmen. Sie brauchen daher am

Telefon oder im persönlichen Gespräch kaum noch zu „verkaufen". Ihre Kunden haben sich schon selbst überzeugt und möchten eigentlich nur noch abschließen. Das spart Zeit und Aufwand, den Sie anderweitig einsetzen können. Außerdem überzeugen Menschen sich lieber selbst, als sich von einem „Verkäufer" überzeugen zu lassen.

Variante B: Produkte und Dienstleistungen mit geringem Informationsbedarf

Kreatives E-Mail-Marketing:
Hat Ihr Produkt eher geringen Informationsbedarf, ist dieser Weg nicht der erfolgversprechendste. Der Bäcker um die Ecke oder die Cocktailbar wird damit kaum Kunden gewinnen. Da Sie aber bis hierher gekommen sind, gehe ich davon aus, dass Sie Ihrer Zielgruppe einen wirklichen Mehrwert bieten und kein Alltagsprodukt verkaufen. Dann eröffnet sich Ihnen ein weiterer Weg für E-Mail-Marketing:

Storytelling und Transformation:
Ihre ideale Zielgruppe hat konkrete Probleme und Wünsche (siehe Kap. 2). Ihr Angebot hilft ihnen dabei, diese Probleme zu lösen bzw. ihre Wünsche zu befriedigen. Genau dort kann E-Mail-Marketing unterstützen. Ist Ihr Produkt eher alltäglich, werden sie weiterdenken müssen.

Ein mögliches Beispiel: Ein lokaler Bäcker mit eigener Backstube bietet echte Handwerkskunst mit regionalen, vielleicht sogar biologischen Zutaten. Seine Zielgruppe kauft also nicht einfach Brot, sondern die Lebenseinstellung, die dahintersteht: gesunde Ernährung mit regionalen Produkten aus ökologischem Anbau statt Fabrikware. Trotzdem bietet dieser Bäcker natürlich Brot und Backwaren an. E-Mail-Marketing konkret zu diesem Produkt wäre begrenzt, schließlich wollen die Kunden selbst keine Bäcker werden. Sie wollen aber ein bestimmtes Leben führen, und genau dort kann der Bäcker ansetzen. Indem er per E-Mail über gesunde Ernährung aus der Region zu jeder Jahreszeit informiert, zum Beispiel mit Rezepttipps. Indem er über weitere Anbieter lokaler Produkte informiert, schließlich essen seine Kunden nicht nur Brot. Indem er zu Fragen Stellung bezieht, die seine Zielgruppe interessieren, zum Beispiel, welche Produkte man im Supermarkt kaufen kann, welche lieber nicht und weshalb genau.

6.4.2 E-Mail-Marketing aufbauen

Diese Varianten des E-Mail-Marketings setzen voraus, dass sich die Empfänger aktiv dafür entschieden haben, E-Mails von Ihnen zu bekommen.

Bewerben Sie die Newsletter-Anmeldung
Die Möglichkeit zur Anmeldung sollte überall dort auf Ihrer Website erscheinen, wo es relevant für Ihre Besucher ist. Wenn Sie direkt online verkaufen und sich ein Besucher bereits im Kaufprozess befindet, würde die Anmeldung nur ablenken. In den vorherigen Schritten, auf Landingpages (Zielseiten), Produktseiten usw., ist es dagegen sinnvoll, auf die Anmeldung hinzuweisen.

Anreize schaffen
Niemand möchte noch mehr Newsletter empfangen. Die Standard-Aufforderung „Melden Sie sich an für unseren Newsletter" funktioniert kaum noch.

> Weshalb sollte sich jemand für Ihren Newsletter anmelden?

Im Falle der Weiterbildung ist die Infomappe eine gute Idee. Der Bäcker könnte eine Liste der lokalen Anbieter regionaler Produkte zusammenstellen, die nach der Anmeldung erhältlich ist. Ein auf Sanierung spezialisierter Dachdecker bietet vielleicht einen Förderungs-Check an, mit dem potenzielle Kunden sehen können, ob und welche Fördermittel für sie infrage kämen. Dieser Anreiz muss mit dem Ziel Ihrer Zielgruppe übereinstimmen. Rabatte und Gewinnspiele erhöhen zwar fast immer die Zahl der Anmeldungen, erreichen aber nicht immer die richtige Zielgruppe. „Gewinnen Sie ein iPhone, wenn Sie sich für meinen Dachsanierungs-Newsletter anmelden." Die Anmeldungen wären kaum relevant für dieses Unternehmen.

Mehrere Zielgruppen, unterschiedliche Anreize
Wenn Sie mehrere Zielgruppen mit unterschiedlichen Problemen und Zielen haben, sollten Sie im Idealfall auch unterschiedliche E-Mail-Sequenzen und Anreize schaffen. Das kostet Zeit und Aufwand. Starten Sie daher mit Ihrer wichtigsten Zielgruppe.

Ihr Transfer in die Praxis

- Welche Art des E-Mail-Marketings wäre für Ihr Angebot und Ihre Zielgruppe relevant?
- Gibt es verschiedene Kundensegmente, die unterschiedliche Informationen benötigen? Eventuell benötigen Ihre Kunden auch nach dem Kauf weitere Informationen und Unterstützung von Ihnen.
- Erstellen Sie eine E-Mail-Serie, um diese Informationen zu liefern.
- Schaffen Sie außerdem einen Anreiz für die Newsletter-Anmeldung, z. B. in Form einer Checkliste, einer Studie, einer Infografik oder anderen Informationen, die für Ihre Zielgruppe direkt relevant sind.

6.5 Eigene Social-Media-Kanäle

Soziale Gruppen haben wir bereits besprochen. In diesem Kapitel geht es ausschließlich um Ihre eigenen Social-Media-Kanäle.

- Facebook-Fanpages
- Eigene Facebook-Gruppen
- Twitter
- Instagram
- YouTube
- Snapchat
- LinkedIn/Xing
- usw.

Die wichtigste Frage vorab: Müssen Sie überhaupt eigene Social-Media-Kanäle einsetzen? Eigene Social-Media-Kanäle, die Ihnen wirklich etwas bringen, kosten viel Zeit. Wenn Sie sich nicht mindestens mehrmals pro Woche darum kümmern können und Kommentare und andere Reaktionen zeitnah, möglichst umgehend beantworten können, ist dies nicht der sinnvollste Weg. Social Media sind wichtig, aber Sie müssen nicht zwingend mit eigenen Kanälen arbeiten. Wenn Ihnen die Zeit dazu fehlt oder es Ihnen einfach gar nicht liegt, nutzen Sie soziale Gruppen und Social-Media-Kanäle von Dritten.

Welche Social-Media-Kanäle sind die richtigen?
Kurze Antwort: Die richtigen Kanäle sind die, über die sich Ihre Zielgruppe informiert und die Ihnen am ehesten liegen. Sie müssen als Einzelkämpfer nicht jeden Trend mitmachen und nicht auf allen Kanälen präsent sein.

Recherche: Welche Social-Media-Kanäle sind für Ihre Zielgruppe relevant?
Schauen Sie, wo Ihre Mitbewerber unterwegs sind und wie aktiv Ihre Zielgruppe dort interagiert. Haben Ihre Mitbewerber starke Facebook-Seiten mit hohem Engagement? Ein klares Indiz dafür, dass die Facebook-Fanpage in die engere Auswahl kommen sollte. Starke, aktive Twitter- oder Instagram-Kanäle? Hier gilt das Gleiche. Gibt es kaum Facebook-Seiten mit hohem Engagement, aber Gruppen, in denen reger Austausch stattfindet? Fragen Sie Ihre eigenen Kunden. Erklären Sie, was Sie vorhaben und fragen Sie, wo Ihre Kunden zu diesem Thema von Ihnen Informationen bekommen möchten.

Welche Kanäle liegen Ihnen persönlich?
Natürlich können Sie sich als Unternehmer nicht nur Dinge aussuchen, die Ihnen Spaß machen. Aber wenn ein Kanal Ihnen wirklich gar nicht liegt, werden Sie ihn kaum erfolgreich einsetzen können.

YouTube zum Beispiel kann ein enorm erfolgreicher Kanal sein. Müssen Sie aber als Einzelkämpfer wirklich alles selbst machen und haben keine Erfahrungen und kein Interesse an Videos, dann wird dieser Kanal Sie sehr viel Zeit kosten, ohne Sie wirklich voranzubringen.

Redaktionsplan für eigene Kanäle

Mit eigenen Social-Media-Kanälen werden Sie selbst Teil der Medienlandschaft. Eine klare Strategie und ein Redaktionsplan sind unerlässlich, um hier erfolgreich zu sein.

> **Die wichtigste Frage:**
> Was wollen Sie erreichen (messbare Ziele)?

Legen Sie in Ihrem Redaktionsplan mindestens vier Wochen im Voraus fest, wann Sie was veröffentlichen wollen. Im besten Fall planen Sie diese Veröffentlichungen direkt über die Plattform, sodass sie nicht vergessen werden können, wenn Ihnen das Alltagsgeschäft dazwischenkommt.

> **Ihr Transfer in die Praxis**
> - Wie viel Zeit können und wollen Sie in Ihre eigenen Social-Media-Kanäle pro Woche investieren?
> - Gibt es bereits starke soziale Netzwerke, Gruppen und Communities, in denen sich Ihre Zielgruppe austauscht?
> - Wenn Ihnen Social Media noch ein wenig fremd sind und/oder Sie wenig Zeit haben, beginnen Sie mit bestehenden Gruppen. Lesen Sie mit und bringen Sie sich dort ein, wo Sie direkten Mehrwert liefern können.

7

Bezahlte Online-Marketing-Kanäle

Suchmaschinen, Facebook und Bewertungsportale

> **Was Sie aus diesem Kapitel mitnehmen**
> - Welche bezahlten Online-Marketing-Maßnahmen sich für Sie lohnen
> - Wie Sie diese Maßnahmen gezielt einsetzen und steuern können

Zahlreiche Einzelkämpfer und kleinere Unternehmer setzen die Möglichkeiten bezahlter Online-Marketing-Kanäle noch kaum oder gar nicht ein. Häufig heißt es, AdWords wäre viel zu teuer geworden und auf Facebook bekäme man nur Klicks und Likes ausländischer Profile. In diesem Kapitel zeige ich Ihnen, welche Maßnahmen für Sie als Einzelkämpfer mit begrenztem Budget und Ressourcen lohnenswert sind und wie Sie diese einsetzen und steuern können.

7.1 Suchmaschinen: Google und Bing

Bing erzielt mittlerweile laut eigenen Angaben mehr als zehn Prozent Marktanteil in Deutschland. Ein Teil dieses Marktanteils erklärt sich allerdings dadurch, dass die Bing-Suchmaschine auf zahlreichen Geräten mittlerweile Standardeinstellung ist und Yahoo und AOL ebenfalls Bing verwenden. Verglichen mit Google ist das Suchvolumen also gering, dafür ist die Anzahl der Konkurrenten eher niedrig, und erstaunlicherweise liegt auch die Conversion Rate von Bing-Kampagnen häufig deutlich höher als bei Google. Vor allem unterscheiden sich die Zielgruppen: Bing-Nutzer erreichen Sie über Google kaum und vice versa.

Google AdWords und Bing-Anzeigen funktionieren sehr ähnlich. Deshalb konzentrieren wir uns hier auf AdWords. Sie können alle Prinzipien und Schritte für Bing fast eins zu eins übernehmen. Über Google AdWords wurden bereits ganze Bücher geschrieben, deshalb gehen wir hier vorwiegend auf für Sie interessante Strategien ein.

7.1.1 Lokale Kampagnen

Wenn Sie ein lokales Geschäft führen bzw. Ihre Dienstleistungen lokal begrenzt anbieten, ist diese Strategie die relevanteste für Sie. Achten Sie darauf, dass Ihr Profil bei Google My Business vollständig und zielführend angelegt ist, und verknüpfen Sie Ihren AdWords-Account mit Ihrem My-Business-Account. Auf diese Weise können Sie Standorterweiterungen nutzen und sich bei lokalen Suchen relevante Informationen anzeigen lassen. Konzentrieren Sie sich auf das Google-Suchnetzwerk. Das Display-Netzwerk ist für Sie bei diesem Schritt nicht relevant. Erstellen Sie eine Kampagne im Suchnetzwerk, die sich konkret auf Ihr Angebot konzentriert.

Beispiel: Optiker Lübeck
Begrenzen Sie den Radius auf das gewöhnliche Einzugsgebiet Ihrer Kunden. Hier können Sie entweder die Stadt (Lübeck) wählen oder (zusätzlich) einen Radius angeben. In dieser Kampagne konzentrieren wir uns auf Suchworte zum Thema Optiker. In der Keyword-Recherche erfahren Sie, welche zusätzlichen Themen interessant sind. Daraus bilden Sie Anzeigengruppen, zum Beispiel:

- Optiker allgemein
- Optiker Lübeck

- Optiker Kontaktlinsen
- Optiker Sehtest
- Optiker Gleitsichtbrille
- usw.

Anzeigen werden pro Anzeigengruppe ausgespielt, nicht pro Keyword. Das heißt, jedes Keyword in einer Anzeigengruppe muss zur Anzeige und zur jeweiligen Landingpage passen. Deshalb wählen wir diese Anzeigengruppenstruktur und kombinieren die Schlagwörter „Kontaktlinsen" und „Sehtest" nicht in einer Anzeigengruppe. Stellen Sie Ihre Keywords zu Beginn mit den Keyword-Optionen „Wortgruppe" und „exakt" ein, nicht als „weitgehend passend".

Keyword-Optionen für einen Optiker in Lübeck
Mit Keyword-Optionen weisen Sie Google an, in welchen Fällen Ihre Anzeigen ausgespielt werden sollen.

Genau passend: „optiker lübeck"
Anzeigen werden nur ausgespielt, wenn genau dieser Suchbegriff eingegeben wurde. Seit 2017 enthält diese Funktion aber auch Pluralformen und sehr ähnliche Suchbegriffe.

Passende Wortgruppe: „optiker lübeck"
In diesem Fall muss die Wortgruppe im Suchbegriff enthalten sein, zum Beispiel:

- optiker lübeck finden
- bester optiker lübeck
- optiker lübeck online finden

Weitgehend passend: „optiker lübeck"
Wenn Sie weitgehend passende Keywords verwenden, können Ihre Anzeigen auch bei Synonymen oder verwandten Suchanfragen eingeblendet werden. In diesem Fall also theoretisch auch zu diesen Suchanfragen:

- augenarzt lübeck
- brillen lübeck
- optiker online

In der Praxis wird Google sich bemühen, Ihre Anzeige nur zu relevanten Suchanfragen auszuspielen. Trotzdem sind die Streuverluste hier vergleichsweise hoch.

Modifiziert weitgehend passend: „+optiker +lübeck"
Diese Funktion ist eine Zwischenstufe zwischen „weitgehend passend" und „passende Wortgruppe". Die Anzeigen werden ausgeliefert, wenn die Suchanfrage den Begriff (in beliebiger Reihenfolge) enthält oder sehr ähnlich ist, zum Beispiel:

- optiker in lübeck finden
- lübeck optiker geschäft

Diese Keyword-Option eignet sich sehr gut, um die Reichweite für spezifische Keywords zu erhöhen. Über den Bericht „Suchbegriffe" können Sie anschließend sehen, welche Suchbegriffe Ihre Besucher genau eingegeben haben und Ihre Anzeigen sowie die jeweiligen Landingpages darauf abstimmen.

Anzeigen
Erweiterte Textanzeigen:

- Zwei Titelzeilen mit aktuell je 30 Zeichen
- Eine Beschreibungszeile mit aktuell 70 Zeichen
- Display-URL mit zwei Feldern à 15 Zeichen

Google testet fortlaufend neue Anzeigenformate, diese Richtlinien können sich also ändern. Das Prinzip einer guten Anzeige ändert sich allerdings nicht:

Ihre wichtigen Keywords sollten auf jeden Fall im Titel enthalten sein. Diese werden fett gedruckt und fallen daher auf.

Überlegen Sie sich vorher genau, welche Argumente für diese Zielgruppen ausschlaggebend sind, sich für Sie zu entscheiden (siehe Kap. 2 und 3). Der potenzielle Kunde sieht in der Google-Suche nur diese Anzeige von Ihnen. Welche Argumente überzeugen ihn, Ihnen eine Chance zu geben und sich zumindest Ihre Website anzuschauen? Schauen Sie sich die Anzeigen Ihrer Mitbewerber an. Was hebt Sie von diesen ab?

7 Bezahlte Online-Marketing-Kanäle

Anzeigenerweiterungen
Neben der Standorterweiterung gibt es weitere Möglichkeiten. Diese können als Zusatzinformationen zu Ihrer Anzeige eingeblendet werden. Dadurch gewinnen Sie mehr Anzeigenplatz und vor allem weitere Möglichkeiten, um Ihre Zielgruppe zu überzeugen.

Anruferweiterungen
Ergänzen Sie Ihre Telefonnummer. Häufig wird diese zwar nicht direkt genutzt, der potenzielle Kunde sieht aber, dass Sie telefonisch erreichbar sind. Eine lokale Telefonnummer fördert Ihre Glaubwürdigkeit.

Erweiterung mit Zusatzinformationen
Diese können nicht angeklickt werden. Sie erscheinen als Stichpunkte unterhalb Ihrer Anzeige. Diese Erweiterung eignet sich gut für allgemeine Argumente wie zum Beispiel:

- Garantien
- Besondere Hinweise, z. B. Meisterbetrieb oder andere Auszeichnungen

Snippet-Erweiterungen
Für diese Erweiterungen müssen Sie eine Kategorie wählen, daher sind sie nicht für jedes Unternehmen relevant. Auch diese sind nicht klickbar, sondern liefern ergänzende Informationen.
Mögliche Kategorien:

- Dienstleistungskatalog
- Typen
- Ziele
- Serien
- Ausstattung
- Marken
- Kurse
- Studiengänge
- Vorgestellte Hotels
- Versicherungsleistung

- Stadtteile
- Shows und Fernsehsendungen
- Stile

Ein lokaler Dachdecker kann hier z. B. die für seine Kunden wichtigen Dienstleistungen anführen.

Bewertungserweiterung
Diese Erweiterung können Sie nur nutzen, wenn Sie zum Beispiel eine Auszeichnung gewonnen haben und diese online verfügbar ist. Angezeigt wird der Text der Auszeichnung sowie deren Quelle. Diese Erweiterung erhöht Ihre Glaubwürdigkeit ungemein, ist aber natürlich nicht für jeden Betrieb relevant.

Preiserweiterung
Recht neu sind Preiserweiterungen. Damit können Sie für verschiedene Dienstleistungen oder Produkte Preisinformationen angeben. Wenn das für Ihre Zielgruppe sehr wichtig ist und Ihre Preise ein starkes Argument für Sie sind, ist diese Erweiterung sinnvoll.

Sitelink-Erweiterung
Mit Sitelinks können Sie auf weitere Unterseiten Ihrer Website verweisen. Diese sind jeweils direkt klickbar. Eine allgemeine Anzeigengruppe „Optiker Lübeck" könnte folgende Sitelinks enthalten:

- Führerschein-Sehtest
- Kontaktlinsen anpassen
- Gleitsichtbrillen
- Sonnenbrillen

Jede Erweiterung enthält einen Titel und eine Beschreibung. Die Beschreibung wird allerdings auf mobilen Endgeräte gar nicht und auf Desktop-Geräten nur ab und zu angezeigt, deshalb ist der Titel hier das Wichtigste.

Anzeigen und Erweiterungen richtig nutzen
Achten Sie darauf, sich nicht zu wiederholen. Anzeigen und Erweiterungen sollen einander ergänzen und zusammen ein möglichst optimales Resultat für Ihre Zielgruppe bieten. Zur Kontrolle können Sie die Anzeigenvorschau direkt in AdWords nutzen. Dort sehen Sie, wie Ihre Anzeige komplett dargestellt werden kann.

> Beachten Sie: Google kann diese Erweiterungen ausspielen, muss es aber nicht. Google wählt generell die Kombination, die die höchste Klickrate erwarten lässt. Darauf haben Sie leider keinen Einfluss.

7.1.2 Landingpages

Ihre Landingpage (Zielseite) muss zur Anzeige und zu allen Keywords der jeweiligen Anzeigengruppe passen. Bewerben Sie einen Führerschein-Sehtest, sollte die Landingpage dazu weitere Informationen liefern und einen direkten Call-to-Action (Handlungsaufforderung) enthalten. Letzteres kann eine direkte Terminbuchung sein oder die Kontaktaufnahme per Telefon. Es wäre nicht sinnvoll, solche potenziellen Kunden auf die Startseite mit Informationen zum Optikergeschäft im Allgemeinen zu schicken. Je konkreter der Suchbegriff, desto konkreter sollte die Landingpage sein. Achten Sie darauf, solche Besucher möglichst nicht mehr abzulenken. Sucht jemand konkret nach einem Führerschein-Sehtest in Lübeck, darf er auf der Landingpage zum Beispiel nicht mehr mit Angeboten für Gleitsichtbrillen oder Kontaktlinsen abgelenkt werden. Auch der neueste Blogartikel hat hier nichts zu suchen.

Ihr Call-to-Action sollte dagegen unbedingt im Bild sein. Besonders bei längeren Landingpages passiert es häufig, dass die Aufforderung zum Kontakt oder Kauf zwar oben erscheint, am Ende der Seite jedoch nicht mehr. Dabei ist ein Besucher, der sich alle Informationen genau anschaut, mit hoher Wahrscheinlichkeit an einem Kontakt bzw. Kauf interessiert.

Natürlich sollen Sie es nicht übertreiben. Kontrollieren Sie selbst, ob Ihre Landingpage Ihnen zusagt oder ob es für Ihr Gefühl zu viel ist.

Es ist Ihr Unternehmen, und Sie sollen sich mit Ihrer Kommunikation wohlfühlen.

7.1.3 Deutschlandweit oder lokal: Produktspezifische Kampagnen

Gibt es bereits Suchvolumen zu Ihren Produkten bzw. Dienstleistungen, dann sind produktspezifische Kampagnen einen Test wert. Strukturieren Sie Ihre Kampagnen nach erwarteter Leistung und geografischer Ausrichtung.

Beispiel: Smartphones
Sie verkaufen Smartphones in einem lokalen Geschäft und deutschlandweit über Ihre Website. Hier wäre es sinnvoll, eine Kampagnenserie lokal auszurichten und eine auf Deutschland. Da die verschiedenen Hersteller vermutlich unterschiedlich gut funktionieren, wären Kampagnen pro Hersteller sinnvoll, jeweils mit Anzeigengruppen pro Modell. Zusätzlich sehen Sie in der Keyword-Recherche, dass ebenfalls viel nach verschiedenen Funktionen gesucht wird, zum Beispiel:

- Smartphones für Senioren
- Smartphones mit 12-MP-Kamera
- Smartphone wasserdicht
- Outdoor-Smartphone

Diese legen Sie in einer eigenen Kampagne an. Wenn Sie bereits länger aktiv sind und wissen, wie gut sich die verschiedenen Kategorien verkaufen, können Sie diese Kampagne noch einmal teilen in Topprodukte, also Kategorien, die sich sehr gut verkaufen, und Longtail-Produkte, die seltener verkauft werden.
Alle genannten Kampagnen richten Sie ausschließlich auf das Suchnetzwerk aus und starten mit den Keyword-Optionen „exakt" und „passende Wortgruppe". In den Anzeigengruppen Ihrer besten Produkte können Sie zusätzlich die Option „modifiziert weitgehend passend" nutzen.

AdWords-Kontrolle: Conversion Tracking
Überlegen Sie sich unbedingt vor dem Kampagnenaufbau, welches Ziel Sie erreichen wollen. Geht es um den direkten Verkauf oder um eine direkte Anfrage via E-Mail, Terminbuchung oder Kontaktformular, richten Sie Conversion Tracking ein. Mehr dazu in Kap. 10.

7.1.4 Remarketing

Mit Remarketing sprechen Sie gezielt Menschen an, die bereits auf Ihrer Website waren und Ihr Unternehmen bereits kennen.

Weshalb Remarketing?
Menschen, die Ihr Unternehmen bereits kennen, werden mit ungleich höherer Wahrscheinlichkeit Kunden als Menschen, die Sie noch nicht kennen. Wiederkehrende Besucher weisen regelmäßig eine zwei- bis dreimal höhere Conversion Rate auf als neue Besucher. Remarketing ist in Ihrem Kanalmix ein wichtiger Punkt. Wie Sie bereits gesehen haben, verlässt der Großteil der Besucher Ihre Website, ohne irgendeine Aktion auszuführen. Diese Besucher holen Sie über Remarketing gezielt wieder ab.

Laufzeiten
In Ihren Zielgruppen können Sie unterschiedliche Laufzeiten einstellen. Kurze Laufzeiten sind besonders interessant, wenn Sie Kaufabbrecher ansprechen möchten. Lange Laufzeiten bis zu 12 Monaten dagegen haben sich bewiesen, um Branding-Kampagnen auch mit kleinem Budget profitabel einzusetzen. Zahlreiche allgemeine Keywords werden für Sie als kleines Unternehmen zu teuer sein. Wenn Sie einen Webshop für Smartphones betreiben, wird das Keyword „Smartphones" kaum profitabel sein. Anders sieht es aus, wenn der Suchende vor Monaten schon einmal bei Ihnen gekauft oder sich informiert hat. Wenn dieser Mensch nach „Smartphones" sucht, sollten Sie auf jeden Fall in der Google-Suche erscheinen.

Display vs. Search Remarketing

Display Remarketing ist die bekannteste Form und leider auch die mit dem negativsten Image. Sie kennen sicherlich Werbebanner, die Sie nach dem Besuch einer Website scheinbar überall verfolgen. Das liegt nicht an der Werbeform, sondern am falschen Einsatz. Gezielte Remarketing-Kampagnen sollen niemals negativ auffallen. Eine Display-Kampagne für alle potenziellen Kunden bundesweit wird höchstwahrscheinlich zu viel Budget erfordern. Eine Kampagne, die sich gezielt an Menschen richtet, die Ihre Website einige Monate lang nicht besucht haben, die Sie aber bereits kennen, verspricht bessere Resultate.

Display Remarketing

Innerhalb des Google-Netzwerks können Sie Display-Anzeigen schalten. In der Remarketing-Variante werden diese Anzeigen nur solchen Nutzern angezeigt, die Ihre Website bzw. Teile davon bereits besucht haben.

Die wichtigsten Punkte

Frequency Capping: Beschränken Sie Ihre Anzeigeneinblendungen auf maximal sieben pro Nutzer pro Tag, sonst entsteht Verfolgungswahn. Sieben ist eine Erfahrungsmetrik aus der Praxis, wird aber auch von Google empfohlen.

Relevante Zielgruppen: Sie benötigen mindestens 100 Nutzer pro Zielgruppe, um diese über das Display-Netzwerk ansprechen zu können.

Statt allen Website-Besuchern Anzeigen zu zeigen, können Sie sich auch konkret auf bestimmte Besucher konzentrieren, zum Beispiel auf:

- Besucher, die bestimmte Produktkategorien aufgerufen haben
- Besucher, die bereits im Warenkorb waren
- Besucher, die sich länger als eine bestimmte Zeit auf der Website informiert haben

Solche Varianten können Sie zusätzlich kombinieren, wenn Sie genügend Besucher haben.

Beispiel: Zielgruppen in der Reiseindustrie
Zielgruppe: Besucher, die sich bestimmte beliebte Hotels angesehen haben und den Buchungsprozess begonnen, aber nicht abgeschlossen haben. Für diese konkrete Zielgruppe ist es leicht, relevante Anzeigen zu formulieren und sie an passende Landingpages zu verweisen.

Es gibt zahlreiche Gründe für einen Kaufabbruch, die nichts mit Ihnen zu tun haben. Die Kinder müssen zur Schule, der Computer stürzt ab, der Chef kommt herein und viele weitere. Diese Menschen sprechen Sie mit Remarketing erneut an, damit sie nicht bei einer erneuten Suche lieber zur Konkurrenz wechseln.

Dynamisches Remarketing
Für Webshops und Reiseanbieter ist dynamisches Remarketing sehr interessant. Bei dieser Form bekommt der frühere Besucher in den Anzeigen automatisch solche Produkte angezeigt, für die er sich interessiert hat oder die er sogar schon in den Warenkorb gelegt hat. Diese Variante ist allerdings eher für größere Mittelständler relevant und erfordert mehr technische Kenntnisse. Eine Anleitung dazu finden Sie unter https://onlinemarketing.de/news/dynamic-remarketing-google-adwords-how-to.

Search Remarketing
Eine besonders interessante Form des Remarketing. Sie nutzen eine ganz normale Kampagne im Suchnetzwerk von Google, allerdings mit der Besonderheit, dass Ihre Anzeigen entweder nur dann ausgespielt werden, wenn der Suchende sich in einer von Ihnen festgelegten Zielgruppe befindet (Sie also schon kennt), oder dass Sie für solche Suchenden die Gebote erhöhen. Auf diese Weise können Sie Kampagnen nutzen, die offen zu teuer wären, zum Beispiel allgemeinere Keywords. Search Remarketing lässt sich auch mit dynamischen Suchanzeigen kombinieren.

7.1.5 Dynamische Suchanzeigen

Dynamische Suchanzeigen kommen ohne Keywords aus. Sie geben die URLs Ihrer Website an, für die Sie Anzeigen schalten möchten, und Google spielt diese automatisch bei passenden Suchaufträgen aus.

Es mag zunächst ungewöhnlich klingen, Google die Keywords wählen zu lassen. Dynamische Suchanzeigen haben aber einige entschiedene Vorteile:

Einfacher Kampagnenaufbau
Dynamische Anzeigen sind ideal, wenn Sie Hunderte Produkte haben, die Sie bewerben wollen. Statt teure Tools für den Kampagnenaufbau einzusetzen können Sie mit dynamischen Kampagnen relativ schnell alle Kategorien abdecken.

Günstige Klickpreise
In der Praxis liegen die Klickpreise für dynamische Kampagnen meist unter den Klickpreisen, die Sie für das gleiche Keyword in einer normalen Kampagne bezahlen müssten.

Praxistipp
Strukturieren Sie auch Ihre dynamischen Kampagnen nach den Kategorien Ihrer Website. Dabei legen Sie die Hauptkategorien als Kampagnen an und die Unterkategorien als Anzeigengruppen.

Statt Keywords arbeiten Sie mit dynamischen Anzeigenzielen. Hierzu können Sie Folgendes verwenden:

- URL
- Seitentitel
- Inhalt der Seite

Hat Ihre Website eine klassische Baumstruktur, sind URLs als Anzeigenziele am einfachsten.

> **Beispiel: Elektronik-Webshop mit Produktkategorien und Marken als Unterkategorien**
>
> Kampagne: Smartphones/Anzeigengruppen: Apple, Samsung, Huawei usw.
> - Die URL-Struktur eines Produkts könnte folgendermaßen aussehen: domain.de/smartphones/apple/i-phone7
> - Ihre Anzeigengruppe für Apple-Smartphones hätte daher als Anzeigenziel: URL enthält/apple/
> - Zusätzlich können Sie mit dem Seiteninhalt arbeiten, um nicht vorrätige Produkte auszuschließen, wenn eine entsprechende Meldung auf der Seite vorkommt.
> - Negatives dynamisches Anzeigenziel: Seiteninhalt enthält/nicht vorrätig/

Google greift hierzu auf die indexierten Seiten Ihrer Website zurück. Bei neuen Websites oder einer Struktur, die eine solche Gliederung nicht zulässt, können Sie auch einen Feed hochladen und diesen zur Strukturierung Ihrer Kampagne nutzen.

7.2 Facebook-Anzeigen

Facebook-Anzeigen sind verhältnismäßig günstig und ermöglichen Ihnen ganz neue Formen des Targeting. Statt auf das vorhandene Suchvolumen zurückzugreifen, können Sie über Facebook gezielt solche Nutzer ansprechen, die Ihrer idealen Zielgruppe entsprechen.

Theoretisch könnte ein lokaler Bäcker Menschen ansprechen, die sich in 5-km-Umkreis befinden, gerne Brot essen, sich für vegane, glutenfreie Ernährung interessieren und jeden Tag mit ihrem Hund die Zeitung holen gehen. Praktisch werden uns Grenzen gesetzt durch die Informationen, die Facebook-Nutzer über sich preisgeben.

Vorteile des Facebook-Marketings

- Eingeloggte Nutzer: So können Nutzer über alle Geräte hinweg genau identifiziert werden.

- Granulares Targeting: Kaum eine andere Plattform hat so viele Informationen über ihre Nutzer.
- Anzeigenformate: Auf Facebook stehen Ihnen vielfältige Anzeigenformate zur Verfügung, in denen Sie in der Regel deutlich mehr Platz haben als in einer AdWords-Anzeige.
- Intelligenter Algorithmus: Je nachdem, welches Kampagnenziel Sie einstellen, spielt Facebook Ihre Anzeigen nur dem Teil Ihrer Zielgruppe aus, der mit hoher Wahrscheinlichkeit die gewünschte Aktion ausführen wird.

Auch über Facebook-Anzeigen wurden bereits zahlreiche Bücher geschrieben. Aufgrund der häufigen Änderungen und der generell schnellen Entwicklung der Plattformen empfehlen sich aber eher spezialisierte Blogs, um hier auf dem Laufenden zu bleiben, unter anderem https://allfacebook.de/ und https://felixbeilharz.de/blog/.

Die wichtigsten Punkte für Einzelkämpfer

- Definieren Sie Ihre Ziele: Was genau soll Ihre Kampagne erreichen? Danach wählen Sie das Kampagnenziel.
- Definieren Sie Ihre Zielgruppe(n): Das haben Sie in Kap. 1 und Abschn. 1.3.2 bereits getan. Mit dieser Vorlage können Sie Ihre Facebook-Anzeigen exakt auf diese Nutzer abstimmen.
- Testen Sie: Testen Sie Ihr Targeting, Ihre Anzeigen (Text und Bild- bzw. Videoelemente) und Ihre Landingpages.

> **Praxistipp**
>
> Je mehr Interaktion eine Kampagne zu Anfang bekommt, desto häufiger spielt Facebook sie aus. Testen Sie neue Kampagnen deshalb zunächst nur mit Ihren eigenen Fans, und nutzen Sie die besten Anzeigen anschließen für Zielgruppen, die Ihr Unternehmen noch nicht kennen. Die Interaktion Ihrer Fans mit der Anzeige bleibt bestehen und hilft Ihnen, eine höhere und günstigere Reichweite unter neuen Nutzern zu erzielen.

Kampagneneinrichtung auf Facebook
Der Kampagnenaufbau ähnelt dem einer AdWords-Kampagne. Auch hier gibt es Kampagnen, Anzeigengruppen (Adsets genannt) und Anzeigen. Auf Kampagnenniveau legen Sie das Ziel fest, dazu gibt es drei Hauptkategorien:

- Awareness (Aufmerksamkeit)
- Consideration (Erwägung)
- Conversion

Für Sie als Einzelkämpfer werden die folgenden Ziele besonders interessant sein:

- Consideration:
  - Traffic (Besucher einer Landingpage)
  - Lead Generation (direkte Anfragen über Facebook)
- Conversion:
  - Conversions
  - Product Catalog Sales (nur für Webshops mit umfangreichem Sortiment)
  - Store Visits (Besuche im lokalen Geschäft)

Je nachdem, welches Ziel Sie einstellen, wird der Facebook-Algorithmus Ihre Anzeigen nur dem Teil Ihrer festgelegten Zielgruppe anzeigen, der mit hoher Wahrscheinlichkeit die gewünschte Aktion ausführt.
  Auf Adset-Niveau legen Sie das Targeting, den Ort, an dem Ihre Anzeigen ausgespielt werden sollen sowie das Budget fest.

Platzierung Ihrer Anzeigen

- Desktop Newsfeed
- Mobile Newsfeed
- Instant Articles
- Right Column

- Audience Network
- Instagram

Welche Platzierung(en) für Sie am besten funktionieren, müssen Sie testen. Generell sind Right Column-Anzeigen meist günstiger, aber auch weniger effektiv. Audience Network und Instagram können Sie am besten in eigenen Anzeigengruppen testen, da die Resultate sich meist von denen der Anzeigen im Newsfeed unterscheiden.

> **Beispiel: Kampagne einer Personalagentur**
> Für diverse Stellenangebote sollten zielgruppenspezifische Anzeigen geschaltet werden. Pro Jobangebot wurde die Zielgruppe klar definiert.
> Getestet wurden im ersten Schritt zwei Targeting-Gruppen:
>   Gruppe A): Alter, aktueller Jobtitel, Interesse an bestimmten jobtypischen Fachgebieten
>   Gruppe B): Alter, Kombination mehrerer jobspezifischer Interessengebiete
>   Ziel war eine Landingpage mit weiteren Informationen zum Angebot sowie der Aufforderung zur Bewerbung. In der ersten Woche stellte sich aber heraus, dass die Anzeigen zwar kommentiert und gelikt wurden, aber nicht in Bewerbungen resultierten. Das Unternehmen hat alle Nutzer, die mit der Anzeige interagiert hatten, direkt kontaktiert und auf diesem Weg mehrere Bewerbungen realisieren können.
>
> **Test: Lead Ads**
> Die Kampagne wurde auf Lead Ads umgestellt. Die Zielgruppe wurde also nicht mehr auf eine Landingpage weitergeleitet, sondern bekam nach dem Klick auf den Button der Anzeige direkt konkrete Informationen zu sehen und anschließend ein Formular, über das sie sich bewerben konnte. Dieses Formular wurde bewusst schlank gehalten. Die Nutzer brauchten nur Namen und E-Mail-Adresse anzugeben. Facebook füllt diese Informationen meist bereits automatisch aus. Aus dieser Kampagne resultierten zahlreiche relevante Bewerbungen zu günstigen Kosten pro Bewerbung.

Remarketing und Kampagnenstrategien auf Facebook

Facebook-Nutzer sind nicht aktiv auf der Suche nach Ihrem Angebot. Sie können zwar detaillierte Zielgruppen ansprechen. Bedenken Sie aber, dass auch diese Nutzer gerade mit anderen Dingen beschäftigt sind. Wenn Sie Nutzern, die Sie nicht kennen und die momentan auch kein Interesse an Ihrem Angebot haben, direkt einen Kauf vorschlagen, werden Sie kaum Resultate erzielen.

Best Practice – mehrstufige Kampagnen
Schritt 1: Aufmerksamkeitskampagne
Diese Kampagne hat zum Ziel, Aufmerksamkeit und Interaktion mit Ihnen bzw. Ihrer Anzeige zu realisieren. Videoformate sind momentan (Stand 2017) einer der besten Wege, um dies zu erreichen.
Schritt 2: Remarketing
Diese Kampagne richten Sie ausschließlich an Nutzer, die deutliches Interesse an Ihrer ersten Kampagne gezeigt haben, zum Beispiel:

- Sie haben einen Großteil des Videos angesehen.
- Sie haben die Landingpage besucht und Interesse gezeigt (Besuchsdauer).
- Sie haben eine erste Aktion ausgeführt (einen Download auf der Landingpage oder Ähnliches).

Diesen Nutzern zeigen Sie im zweiten Schritt entweder ein konkretes Angebot oder weitere notwendige Informationen zur Kaufentscheidung. Ist der Kaufprozess normalerweise länger und benötigt mehr Informationen, sollte die Kampagne entsprechend weitere Stufen enthalten. Entweder direkt über Facebook oder zusätzlich über weitere Kanäle, zum Beispiel über E-Mail-Marketing.

Komplexe Produkte
Für sehr komplexe Produkte lohnt sich eine Kombination aus Facebook und E-Mail-Marketing. Facebook-Anzeigen sorgen für die erste Aufmerksamkeit, auf der Landingpage bekommt der Besucher weitere Informationen und kann sich für einen gezielten Newsletter eintragen, mit dem er wichtige weitere Informationen enthält (siehe Abschn. 6.4).

Facebook-Tracking
Facebook stellt ein Pixel zur Verfügung, mit dem Sie sowohl Conversions messen als auch Remarketing-Zielgruppen anlegen können.

Dieses Pixel platzieren Sie auf allen Seiten Ihrer Website. Sie können zusätzlich Ereignisse messen, zum Beispiel Downloads oder Formularanfragen. Sie können aber auch direkt auf Facebook sogenannte Custom Conversions anlegen, zum Beispiel den Aufruf einer bestimmten URL. Das ist interessant, wenn Besucher nach einer ausgeführten Aktion auf einer Bestätigungsseite landen, die auf anderem Wege nicht erreichbar ist.

Datenschutzrechtlich ist der Einsatz des Facebook-Pixels umstritten (Stand 2017)[1]. Zu allen rechtlichen Fragen, insbesondere zum Thema Datenschutz, sollten Sie einen spezialisierten Anwalt einschalten.

7.3 Bewertungsportale und andere Branchen-Websites

Restaurantbesitzer kommen an Yelp ebenso wenig vorbei wie Mediziner an Yameda. Solche Bewertungsportale gibt es nicht in allen, aber in vielen Branchen, und Sie sollten sie unbedingt für sich einsetzen.

Bewertungsportale und Branchen-Websites finden
Googlen Sie einfach nach Ihrer Branche und „Bewertung". Das ist eine häufig genutzte Kombination in der Google-Suche. Die für Sie relevanten Portale werden ganz oben auftauchen. Branchen-Websites finden Sie ebenfalls über Google, wenn Sie Ihre Branche und, bei lokalem Bezug, Ihre Stadt suchen.

Vollständige Profile
Legen Sie Ihr Profil überall vollständig und möglichst konsistent an und halten Sie für die Zukunft fest, auf welchen Portalen Sie vertreten sind. Nichts ist verwirrender für Ihre Kunden als unterschiedliche Öffnungszeiten oder Kontaktdaten.

---

[1] Weitere Informationen zum Thema Datenschutz bei Facebook finden Sie in diesem Whitepaper von Rechtsanwalt Dr. Thomas Schwenke: https://allfacebook.de/policy/whitepaper-custom-audiences-und-datenschutz-bei-facebook-twitter-und-google.

Bezahlte Einträge
Zahlreiche dieser Portale bieten bezahlte Werbemöglichkeiten. Ob sich das für Sie lohnt, müssen Sie testen. Wichtige Kriterien:

- Relevante Besucherzahlen
- Google-Positionen
- Konkurrenz

Erscheint ein solches Portal zu Ihren wichtigen Suchbegriffen ganz oben, Sie selbst aber noch nicht, ist bezahlte Werbung dort wahrscheinlich sinnvoll.

7.4 Display-Werbung: Bitte nicht!

Display-Werbung, also Banner- oder Textanzeigen auf anderen Websites, wird von vielen kleineren Unternehmen noch immer gern als mögliche Form des Online-Marketings genannt. Die Klickraten solcher Standard-Display-Werbung liegen aktuell in Deutschland (Stand 2017) im DoubleClick-Netzwerk von Google bei 0,1–0,16 % (Google 2017). Andere Studien zeigen noch niedrigere Klickraten zwischen 0,02 und 0,05 %. Hinzu kommt die häufige Verwendung von Adblockern in Deutschland. Im weltweiten Vergleich liegt Deutschland auf den vorderen Rängen, wenn es um den Einsatz eines Adblockers geht. In einigen Branchen setzen bereits über 50 % der Nutzer solch einen Filter ein, allgemein liegt der Wert bei etwa 20 % (BVDW 2017). Ihre Display-Anzeigen erreichen also nur einen Teil der Zielgruppe und werden lediglich von einem sehr geringen Anteil wahrgenommen, geschweige denn geklickt. Diese Display-Werbung ist überwiegend sinnvoll für Branding-Kampagnen größerer Unternehmen. Als Einzelkämpfer gibt es für Sie zahlreiche andere Kanäle, die deutlich profitabler und einfacher zu managen sind, wie sie in Kap. 3 bis Abschn. 6.4.1 bereits gesehen haben.

Ausnahmen

Keine Regel ohne Ausnahme. Es gibt einige Formen der Display-Werbung, die durchaus interessant sein können:

- Remarketing
- YouTube-Remarketing

Display Remarketing haben Sie in Abschn. 7.1.4 bereits kennengelernt. YouTube-Remarketing steuern Sie ebenfalls über Google AdWords. Dazu benötigen Sie allerdings Videoanzeigen.

Ihr Transfer in die Praxis

Google AdWords
1. Erstellen Sie anhand Ihrer Keyword-Recherche eine Liste der Keywords, die Ihre Zielgruppe in der letzten Phase vor dem Kauf suchen wird.
2. Meist sind das direkt angebotsspezifische Keywords, z. B. „Dachsanierung Wuppertal" oder „Übersetzer Deutsch Arabisch".
3. Legen Sie eine Kampagne an mit jeweils einer Anzeigengruppe pro Thema. In dieser Anzeigengruppe verwenden Sie nur Keywords, die genau zum Thema passen.
4. Verwenden Sie zu Beginn nur die Keyword-Optionen „genau passend" und „passende Wortgruppe".
5. Erstellen Sie für jede Anzeigengruppe mindestens zwei Anzeigen. Verwenden Sie Ihre wichtigsten Keywords im Titel, und kommunizieren Sie die wichtigsten Argumente in dieser Phase in der Beschreibung.
6. Kontrollieren Sie, ob die gewählte Landingpage zur Anzeige und zu den Keywords passt. Die Keywords sollten im Inhalt verwendet werden, und der Besucher muss hier genau das finden, was er erwartet.
7. Achten Sie darauf, dass Ihre Landingpage einen klaren Call-to-Action (Handlungsaufforderung) enthält.
8. Bevor Sie diese Kampagne aktivieren, richten Sie unbedingt Conversion Tracking ein (siehe Abschn. 9.2).

Facebook
1. Erstellen Sie eine erste kleine Kampagne zu Testzwecken mit Facebooks Power Editor.
2. Auf Kampagnenebene wählen Sie Kampagnenziele, die Sie testen möchten, z. B. Traffic, Conversions oder direkte Anfragen über Lead Ads.
3. Auf Adset-Ebene definieren Sie mögliche Zielgruppen für Facebook-Kampagnen. Welche Interessen und Eigenschaften teilen Ihre idealen

Kunden? Folgen Sie z. B. bestimmten Facebook-Fanpages, haben sie kleinere Kinder und fahren regelmäßig in den Urlaub? Sie können verschiedene Kriterien kombinieren oder ausschließen.
4. Legen Sie unbedingt die geografische Ausrichtung fest, z. B. auf Deutschland oder eine bestimmte Region.
5. Achten Sie darauf, dass Ihre potenzielle Zielgruppe für diese Kampagne nicht zu groß wird. Im Power Editor wird Ihnen die wahrscheinliche maximale Reichweite angezeigt. Große Reichweiten bedeuten mehr Streuverluste. Versuchen Sie, unter 100.000 zu bleiben. Eine solche Kampagne können Sie mit 5 EUR bis 10 EUR pro Tag testen.
6. Erstellen Sie mindestens zwei Anzeigen pro Adset zu Testzwecken. Testen Sie verschiedene Formate, Bilder und Textinhalte. Die perfekte Anzeige gibt es nicht. Gestalten Sie Ihre Anzeigen für Ihre idealen Kunden.
7. Versehen Sie Ihre Landingpages mit UTM Tags (https://www.facebook.com/business/google-analytics/build-your-url), um ihre Leistung in Ihrem Analyseprogramm kontrollieren zu können. Mehr dazu in Kap. 10.

Literatur

BVDW. 2017. http://www.bvdw.org/medien/bvdw-messung-adblocker-rate-liegt-bei-1992-prozent?medi=8771. Zugegriffen: 14. Juni 2017.

Google Inc. 2017. http://www.richmediagallery.com/tools/benchmarks. Zugegriffen: 14. Apr. 2017.

8

Website- und Conversionoptimierung

Optimierung für mehr Anfragen und mehr Verkauf

> **Was Sie aus diesem Kapitel mitnehmen**
> - Wie Sie Ihre Website so aufbauen, dass Sie mehr Anfragen erhalten
> - Was Sie tun können, um mehr online zu verkaufen
> - Was Sie tun können, um mehr Leads zu generieren

Ihre Website soll Ihr bester Verkäufer werden. Haben Sie schon einmal einen Supermarkt ohne Kasse betreten? Eher unwahrscheinlich. Ja, Amazon testet das aktuell mit Amazon Go, aber auch dort gibt es ein Abrechnungssystem, das deutlich kommuniziert wird. Websites ohne sichtbare Kontaktdaten oder Kaufprozesse gibt es dagegen leider immer noch.

Erst im letzten Jahr hat einer meiner Kunden eine neue Website auf den Markt gebracht, die in allen Punkten eine deutliche Steigerung gegenüber der vorherigen war, nur leider noch kein Buchungssystem besaß.

Conversion-Optimierung ist nicht umsonst ein ganz eigenes Fachgebiet. Großunternehmen wie Booking.com, Amazon usw. investieren laufend Zeit und Geld in Tests zur Steigerung der Conversion Rate. A/B-Tests, multivariate Tests, Eye Tracking und Tests mit echten

Kunden sind für Sie als Einzelkämpfer aber in den seltensten Fällen profitabel. Jeder Test muss eine kritische Masse an Besuchern und Conversions erreichen, um aussagekräftig zu sein. Für kleinere Websites mit weniger als ein paar Hundert Besuchern am Tag sind umfangreiche Tests kaum möglich. Deshalb konzentrieren wir uns in diesem Kapitel auf die wichtigsten Punkte, die Sie auch direkt umsetzen können. Einzelne A/B-Tests können in bestimmten Situationen durchaus sinnvoll sein, auch die schauen wir uns gemeinsam an.

8.1 Die wichtigsten Faktoren für mehr Anfragen

Klare, deutliche Struktur und Zielstellung der Website
Noch bevor Sie eine neue Website ins Leben rufen oder Ihre alte überarbeiten, muss das Ziel deutlich sein. Was genau soll Ihre Website erreichen? Wie sieht Erfolg für Sie aus?

> **Was ist eine Conversion für Sie?**
>
> Eine Conversion bezeichnet erst einmal nur ein erreichtes Ziel bzw. eine ausgeführte Aktion. Das kann ein Kauf, eine Anfrage, ein Download oder auch nur der Aufruf einer bestimmten Seite sein. Conversion-Optimierung funktioniert logischerweise nur dann, wenn Sie wissen, was genau eine Conversion für Sie ist und welchen Wert sie hat.
>
> In einem Webshop ist das verhältnismäßig einfach. Das Ziel ist in der Regel der direkte Verkauf. Verkaufs- und Umsatzzahlen können direkt mit Ihrem Analyseprogramm, zum Beispiel mit Google Analytics, gemessen werden.
>
> Sind Sie Dienstleister und verkaufen überwiegend am Telefon, wird die wichtigste Conversion meist ein Anruf oder eine Anfrage per E-Mail, Formular, Livechat oder über einen anderen Kommunikationskanal sein.
>
> Alles, was auf der Website passiert, ist prinzipiell messbar. Abgeschickte Anfragen, Nutzung des Livechats usw. können Sie mit geringem Aufwand messen.

Anrufe messen
Anrufe sind komplizierter. Greift der Besucher zum Festnetz- oder Mobiltelefon und tippt die angezeigte Telefonnummer ab, können Sie das nicht nachverfolgen. Die einzige Möglichkeit ist das Call Tracking. Statt einer allgemeinen Telefonnummer werden mit Call Tracking verschiedene Rufnummern angezeigt, je nachdem, auf welcher Seite der Besucher sich gerade befindet, über welchen Kanal er auf die Website gekommen ist oder für welches Angebot er sich interessiert. Das alles ist frei wählbar, aber Sie können diese Komponenten nicht einfach kombinieren. Jede Rufnummer wird jeweils einer bestimmten Situation oder Aktion zugewiesen. Es gibt verschiedene Unternehmen, die solche Call-Tracking-Lösungen anbieten. Sind telefonische Kontaktaufnahmen Ihr wichtigstes Ziel und investieren Sie viel Zeit und/oder Budget in Ihr Marketing, ist der Einsatz eines solchen Systems zumindest testweise für einen gewissen Zeitraum sinnvoll.

Beachten Sie aber unbedingt, dass Ihre Besucher und potenziellen Kunden dadurch verschiedene Telefonnummern von Ihnen bekommen. Erhalten Sie zahlreiche Neukunden per Weiterempfehlung, werden auch diese Tracking-Rufnummern wahrscheinlich häufig weitergegeben. Damit können Sie zwar den Wert Ihrer Kunden und deren Weiterempfehlungen besser einschätzen, manch ein Kunde wird sich aber auch wundern, weshalb Sie scheinbar so oft die Telefonnummer wechseln.

Zwischenvariante
Wenn Sie Ihre Telefonnummer nicht direkt anzeigen, sondern nur auf einer bestimmten Seite angeben, die der Besucher zum Beispiel durch Klick auf einen Button erreichen kann, können Sie zumindest den Aufruf dieser „Kontaktseite" als weiche Conversion messen. Das ist natürlich nicht hundertprozentig genau, aber Sie sehen zumindest, ob Interesse an einer Kontaktaufnahme besteht. Gleichzeitig erhöhen Sie aber die Hürde für Ihre Besucher, Sie zu kontaktieren. Die Conversion Rate wird niedriger ausfallen, als wenn Ihre Telefonnummer direkt zugänglich wäre. Deshalb eignet sich diese Methode nur für zeitlich begrenzte Tests, zum Beispiel, wenn Sie größere, kostenintensive Kampagnen messen wollen.

Zukunft – mobile Anrufe messen
Die mobile Internetnutzung nimmt weiterhin rasant zu. Das erleichtert auch das Tracking. Wenn ein Besucher einen Button bzw. Link Ihrer Website nutzt, um Sie direkt anzurufen, ist das natürlich messbar. Inhalt und Länge des Telefonats wiederum nicht. Hier lohnt sich die Mühe, Inhalt und Qualität telefonischer Anfragen jeweils mit Datum und Zeit festzuhalten, zum Beispiel in einer einfachen Excel-Tabelle oder einem Google Drive Sheet, um die tatsächliche Leistung Ihrer Kampagnen analysieren zu können. Solche Analysen schauen wir uns in Kap. 10 noch an.

Die wichtigsten Website-Faktoren
Jede Seite Ihrer Website hat ein Ziel. Möglichst nicht mehrere, sondern genau eins. Je früher im Kaufprozess des Kunden, desto weicher das Ziel. Eine Kategorieseite in einem Webshop hat meist zum Ziel, den Besucher auf eine für ihn passende Produktseite weiterzuleiten. Ziel ist also der Klick auf einen Produktseitenlink. Besucher der Produktseiten sind bereits weiter fortgeschritten im Kaufprozess. Das Ziel dieser Seiten ist es, den Besucher in den Kaufprozess zu bringen (ein Produkt in den Warenkorb zu legen).

Stellen Sie sich Ihre Website wirklich als Verkäufer vor – wie in einem gehobenen Ladengeschäft. Je nachdem, in welcher Phase der potenzielle Kunde den Laden betritt, fällt die Ansprache anders aus. In jeder Phase beschäftigen ihn andere Fragen, die ein guter Verkäufer kompetent und hilfreich beantwortet. Genau das ist die Aufgabe Ihrer Website. Um die richtige Struktur zu finden, versetzen Sie sich in die Lage Ihrer Kunden. Wonach suchen sie in welcher Phase? Welche Antworten und Informationen benötigen sie, und wie sieht dann der nächste Schritt aus?

Es gibt immer noch zahlreiche Websites, die Kategorieseiten nur aus SEO-Gründen erstellen. Dort finden Sie lange Texte, vielleicht auch Bilder und Videos, aber keine Möglichkeit für weitere Schritte.

Offline wäre das folgendes Szenario: Sie möchten einen Rasenmäher kaufen und fragen im Baumarkt nach Informationen. Der Verkäufer erklärt Ihnen ausführlich, welche Varianten es gibt (Benziner und Elektrorasenmäher, Aufsitzrasenmäher, Kantenschneider etc.). Nach zehn Minuten kennen Sie alle möglichen Varianten und haben sich im Kopf auch schon für eine passende Kategorie entschieden. Der Verkäufer wünscht Ihnen einen schönen Tag und geht.

Das klingt sehr weit hergeholt, passiert auf Websites aber immer noch regelmäßig. Häufig meint der Unternehmer dann, der Besucher könne doch das Menü nutzen.

Im Baumarkt finden Sie ebenfalls ein „Menü", meist in Form von großen Schildern oberhalb der Gänge. Trotzdem würde kein ehrgeiziger Verkäufer Sie so stehen lassen. Warum wohl?

Menschen entscheiden sich generell nicht gerne. Das gilt umso mehr, wenn die Entscheidung bedeutet, Geld auszugeben. Im Zweifel wird die Entscheidung lieber noch einmal verschoben. Das kennen Sie von sich selbst sicherlich auch. „Da schlafe ich noch eine Nacht drüber."

Für Sie als Unternehmer bedeutet das allerdings, dass dieser potenzielle Kunde morgen mit hoher Wahrscheinlichkeit bereits vergessen hat, auf welcher Website er das Produkt gesehen hat. Er sucht einfach noch einmal danach. Vielleicht trifft er dabei wieder auf Sie, vielleicht aber auch auf einen Mitbewerber. Dieses Risiko wollen Sie gar nicht eingehen. Erleichtern Sie also die Entscheidungen auf Ihrer Website. Machen Sie den Weg deutlich, den der Besucher nehmen sollte, und bauen Sie auf gar keinen Fall Sackgassen auf.

Zusammengefasst: Überlegen Sie auf jeder Seite genau, in welcher Phase der Besucher dort landet, welche Informationen er jetzt benötigt und welcher nächste Schritt ihn näher zu seinem Ziel bringt.

Ablenkungen vermeiden
In diesem Zusammenhang sollten Sie auch Ihre jeweiligen Seiten auf Ablenkungen kontrollieren. Häufig sehen wir selbst auf Websites namhafter Anbieter, zum Beispiel im Tourismus, Werbebanner anderer Unternehmen.

> Weshalb sollte man an dieser Stelle Werbung für die Produkte anderer Unternehmen machen?

Gleiches gilt aber auch für eigene Produkte oder Informationen, die gerade nicht zu Ihrem Besucher passen. Interessiert sich jemand für ein neues Dach, braucht er keinen informativen Artikel zum Aufbau eines Swimmingpools.

Branchenstandards als Minimum
Schauen Sie sich Ihre größeren, bekannten Mitbewerber an. Das müssen nicht immer direkte Konkurrenten sein, sondern vielmehr Anbieter, die Ihre Zielgruppe regelmäßig besucht und die Lösungen für ähnliche Probleme anbieten wie Sie.

Ein Beispiel: Ein kleiner Ferienpark in Deutschland sieht Neckermann und Booking.com normalerweise nicht als direkte Konkurrenten. Beide Anbieter liefern aber Lösungen für ähnliche Probleme, dem Wunsch nach Urlaub. Je nach Zielgruppe können also auch diese beiden großen Spieler Alternativen für die Kunden des Ferienparks darstellen.

Wettbewerbsanalyse
Sie sollen nicht alles genauso machen wie die Konkurrenz! Vielmehr geht es um Standards, die Ihre Zielgruppe erwartet. Ferienparks, Ferienwohnungen und Hotels werden sehr oft über Booking.com gebucht. Navigation und Buchungsprozess von Booking.com gehören zu den besten, die es derzeit gibt, und sie werden laufend optimiert. Als kleiner Ferienpark können Sie zwar nicht auf diesem Niveau arbeiten, aber Sie sollten zumindest versuchen, ein ähnlich unkompliziertes System anzubieten. Seitenlange Suchfilter und Wahloptionen gehören definitiv nicht in diese Kategorie. Trotzdem kann man sie auf vielen Websites kleinere Anbieter oder Touristeninformationen noch immer finden.

> **Beispiel: Optimierung mit kleinem Budget**
> Einer meiner Kunden vermarktet Ferienhäuser und -wohnungen in Tschechien. Booking.com ist für seine Zielgruppe auf jeden Fall eine Alternative. Dieses Unternehmen kann unmöglich mehrere Marketingspezialisten und Programmierer beschäftigen, um das System ständig zu testen und zu optimieren. Dafür kennt es seine Zielgruppe

umso genauer, schließlich haben die Mitarbeiter täglich direkten Kontakt mit den Gästen.
Die Suchfunktion der Website bietet kaum Filtermöglichkeiten. Auf der Homepage kann neben den gängigen Feldern für Datum und Personenzahl lediglich die Urlaubsart (Sommer, Winter, Städtereise) und die Art der Unterkunft gewählt werden. In der ausführlichen Suche kommen sieben Optionen hinzu, z. B. privates Schwimmbad, Sauna, Internet, Haustiere und Kinderermäßigung.
Das Unternehmen bietet Hunderte Unterkünfte von der kleinen Pension bis hin zum Fünf-Sterne-Hotel. Zahlreiche Suchfilter wären denkbar. Stattdessen werden nur wenige angeboten. Weshalb? Weil genau diese Filter für die Zielgruppe wichtig sind.
Das Unternehmen kennt seine Zielgruppe nach 20 Jahren mit täglichem Kontakt sehr gut. Vor allem aber nutzt es diese Kundenkontakte, um die Nutzererfahrung auf der Website zu verbessern. Ein Vorteil, den vor allem kleine Unternehmen haben. Sie als Einzelkämpfer kennen Ihre Kunden viel besser, als ein Großkonzern es könnte. Nutzen Sie dieses Wissen.

Elemente, die die Conversion Rate steigern können

- **Informationen/Content:** Bieten Sie deutliche Informationen, die exakt zur Phase des Kaufprozesses passen. Achten Sie vor allem darauf, statt Eigenschaften den Mehrwert des Angebots zu kommunizieren. „What's in it for me?" – „Was bringt MIR das?" – ist die wichtigste Frage, die Sie Ihren Besuchern beantworten müssen.
- **Social Proof:** Der Mensch ist auch nur ein Herdentier. Wenn Ihr Produkt bereits anderen Kunden geholfen hat, die dem jetzigen Besucher ähnlich sind, ist er eher geneigt, an den Mehrwert zu glauben und tatsächlich zu kaufen. Booking.com setzt Social Proof zum einen durch Bewertungen ein, zum anderen aber auch durch die regelmäßig auftauchenden Textboxen: „5 Personen haben sich heute für dieses Hotel entschieden", oder: „254 Personen sehen sich dieses Hotel gerade an". Neben Social Proof greift hier auch wieder das Prinzip „Scarcity" (Knappheit).
Bewertungen und sogenannte Testimonials müssen zum Angebot passen. Auf einer Seite, die energetische Dachsanierungen verkaufen soll, wäre ein Testimonial von jemandem, der eine Dachrinne hat reparieren lassen, fehl am Platz. Bewertungen und Testimonials

sind für Sie zusätzlich eine gute Möglichkeit, Ihre Idealkunden herauszufiltern. Ausführliche Testimonials Ihrer idealen Kunden werden mit großer Wahrscheinlichkeit genau solche Menschen ansprechen. Bieten Sie hochwertige Dienstleistungen an, sollten Sie also keine Bewertungen zeigen, die Billigpreise kommunizieren.
- **Zweifeln und Ängsten begegnen:** Je teurer Ihr Angebot, desto größer die Zweifel in den Köpfen Ihrer potenziellen Kunden. Greifen Sie diese schon auf der Website auf und zerstreuen Sie sie, zum Beispiel durch:
  – Garantien
  – Fallstudien
  – Social Proof (Bewertungen und Testimonials)
  – Gütesiegel und Zertifizierungen

8.2 Optimierung des Kaufprozesses

Für den direkten online Verkauf ist die Optimierung Ihres Kaufprozesses eine der wichtigsten Stellschrauben, um Ihre Conversionrate und damit Ihren Umsatz zu erhöhen. Die wichtigsten Elemente im Kaufprozess sind die Folgenden:

Zahlungsmethoden
Das klingt banal, ist in Deutschland aber ein wichtiger Faktor. Ist direkter Verkauf Ihr oberstes Ziel, wollen Sie nicht an fehlenden Zahlungsmethoden scheitern. In Deutschland gibt es keine marktbeherrschende Zahlungsmethode wie zum Beispiel in den USA (Kreditkarte) oder den Niederlanden (iDEAL). Wichtige Zahlungsmethoden in willkürlicher Reihenfolge:

- PayPal
- Kreditkarte
- Giropay/Sofortüberweisung
- Lastschrift (wenn möglich)
- Rechnung (je nach Angebot)

Deutliche Kommunikation im Kaufprozess

Kommunizieren Sie im Kaufprozess deutlich, in welchem Schritt sich der Kunde befindet, wie viele noch kommen und wann der Kauf definitiv erfolgt. Abgesehen von rechtlichen Notwendigkeiten nehmen Sie so auch Zweifel bei Ihren Besuchern weg.

In der Reisebranche ist es zum Beispiel noch immer recht üblich, erst nach der Buchung mittels Banküberweisung zu zahlen. Im Buchungsprozess sollte das auf jeden Fall erwähnt werden, damit der Kunde weiß, wann seine Buchung tatsächlich abgeschlossen ist, und er sich auf seine Reise freuen kann.

Einfache Formulare

Die meisten Menschen geben ungern Informationen preis. Fragen Sie nur nach Punkten, die unbedingt notwendig sind, und kontrollieren Sie genau, ob Sie die folgenden Punkte wirklich brauchen:

Registrierung für Kunden-Account

Die Registrierung für einen Kunden-Account ist ein häufiger Grund für Kaufabbrüche. Ermöglichen Sie eine Bestellung als Gast, können Sie Ihre Conversion Rate deutlich steigern.

Telefonnummer

In den meisten Fällen benötigen Sie keine Telefonnummer, um die Bestellung auszuführen.

„Wie sind Sie auf uns aufmerksam geworden?"

Das sollte Ihnen Ihre Analyse zeigen. Wenn Sie danach fragen wollen, machen Sie kein Pflichtfeld daraus, sonst muss der Besucher an dieser Stelle noch nachdenken, statt seine Bestellung abzuschließen.

Gutscheincode-Felder

Gutscheincode-Felder verleiten Ihre potenziellen Kunden dazu, den Kauf abzubrechen und auf die Suche nach einem Gutschein zu gehen. Wenn Sie dieses Feld unbedingt anbieten möchten, lassen Sie es erst nach einem Klick auf einen normalen Link aufklappen. Besser wäre es, Sie würden Gutscheincodes bereits im Link zur jeweiligen Seite verarbeiten.

Kontaktmöglichkeiten
Kaufabbrüche geschehen häufig, weil der potenzielle Kunde noch offene Fragen hat. Zeigen Sie dem Kunden, dass Sie für ihn da sind, per Telefon oder gar Livechat. Das ist häufig besonders hilfreich, wenn Sie noch gar keine Conversions bekommen, aber durchaus Besucher im Kaufprozess.

Bei einem niederländischen Ferienpark war genau das der Fall. Der Livechat zeigte, dass ein Großteil der Besucher gerne mit Hund anreisen wollte. Auf der Website wurde aber nicht kommuniziert, ob Haustiere überhaupt erlaubt sind. Eine kleine Änderung, die die Conversion Rate deutlich erhöht hat.

8.3 Optimierung der Lead-Generierung

Ist die Kontaktaufnahme per Telefon, Formular oder E-Mail Ihr wichtigstes Ziel, haben Sie natürlich noch lange keinen Kaufprozess angestoßen. Trotzdem können Sie neben den bereits genannten Punkten zur Inhalts- und Angebotsoptimierung einiges tun, um Ihre Anfragen (Leads) zu steigern.

Deutliche Handlungsaufforderungen (Call-to-Action)
Fordern Sie Ihre Besucher freundlich, aber deutlich auf, die gewünschte Handlung auszuführen.

Hürden abbauen
Kommunizieren Sie deutlich, wie die nächsten Schritte aussehen.

- Telefonische Anfragen
  - Telefonnummer und Bürozeiten
  - Wer ist die Kontaktperson
  - Welche Informationen werden eventuell benötigt
  - Was darf der Kunde von diesem Telefonat erwarten

- Besuche im Ladengeschäft
  - Öffnungszeiten
  - Adresse und Anfahrt
  - weitere wichtige Punkte
- Je nach Branche und Angebot kann es bei lokalen Geschäften zum Beispiel sinnvoll sein, die Ansprechpartner vorzustellen, wenn Beratung sehr wichtig ist
- Machen Sie deutlich, ob der Kunde einen Termin benötigt oder einfach vorbeikommen kann

Analyse und Optimierung

Die genannten Möglichkeiten zur Conversion-Optimierung bilden lediglich die Basis. Optimierung ist ein langfristiger Prozess. Wie Sie Ihre Website analysieren und die richtigen Maßnahmen ableiten können, schauen wir uns in Kap. 10 an.

Ihr Transfer in die Praxis

- Definieren Sie, was eine Conversion für Sie ist und anhand welcher Kennzahlen Sie diese messen wollen.
- Kontrollieren Sie, ob Ihre Website die für Sie relevanten Elemente enthält, die in diesem Kapitel genannt werden. Sind alle Handlungsaufforderungen freundlich, aber deutlich formuliert?
- Schauen Sie sich die Websites bekannter Mitbewerber an. Welche Standards erwartet Ihre Zielgruppe, und wie können Sie diese, eventuell in kleinerem Rahmen, umsetzen?

9

Die Analyse
Was das alles gebracht hat

> **Was Sie aus diesem Kapitel mitnehmen**
> - Warum Webanalyse wichtig ist
> - Welche Analyse-Tools sich für Sie eignen und wie Sie sie richtig einsetzen
> - Wie Webanalyse-Tools Ihnen dabei helfen, den Kaufprozess zu optimieren

Es gibt zahlreiche Tools, die Sie nutzen können, um Ihre Website zu analysieren. In diesem Buch konzentrieren wir uns auf Google Analytics, weil es derzeit das umfassendste kostenlose Tool auf dem Markt ist. Alle Möglichkeiten der Webanalyse mit Google Analytics können hier nicht behandelt werden. In diesem Kapitel schauen wir uns die wichtigsten Berichte und Analysen für Einzelkämpfer an und welche Maßnahmen Sie daraus ableiten können.

> **Google Analytics und Datenschutz**
> Google Analytics war datenschutzrechtlich lange umstritten, und es gibt immer noch einige Punkte, die Sie bei dessen Einsatz beachten müssen. Eine gute Erklärung dazu finden Sie auf Datenschutzbeauftragter-info.

> de (https://www.datenschutzbeauftragter-info.de/fachbeitraege/google-analytics-datenschutzkonform-einsetzen/). Datenschutz und Internetrecht in Deutschland sind wichtige Punkte für Ihr Online-Marketing. Es ist in jedem Fall empfehlenswert, Ihre Website von einem spezialisierten Anwalt durchleuchten zu lassen

9.1 Webanalyse: Sinn und Zweck

Ziel der Webanalyse ist es nicht, einfach nur zu wissen, wie viele Besucher sich Ihre Website anschauen. Ziel ist es, zu verstehen, woher Ihre Besucher kommen und was sie auf Ihrer Website tun (und was nicht), und daraus Maßnahmen abzuleiten, um Ihr Online-Marketing zu verbessern. Die Statistiken, die Sie eventuell von Ihrem Webhoster geliefert bekommen, reichen dazu nicht aus. Statt Google Analytics können Sie zum Beispiel auch Piwik oder etracker einsetzen. Die Benutzerfreundlichkeit von Google Analytics erreichen sie meiner Meinung nach nicht, das mag aber auch daran liegen, dass ich seit Jahren mit Analytics arbeite.

9.2 Conversion Tracking

In Kap. 8 haben Sie gesehen, weshalb es so wichtig ist, exakte Conversions (Ziele) zu definieren. Für die Analyse müssen diese natürlich auch gemessen werden. In Analytics haben Sie dazu verschiedene Möglichkeiten, die ich Ihnen an dieser Stelle nur kurz zeigen möchte:

E-Commerce Tracking
Wenn Sie online verkaufen, ist E-Commerce Tracking absolut notwendig. Jede Transaktion wird gemessen, inklusive Produktname, Anzahl, Umsatz und, falls gewünscht, auch Produktkategorie. Damit sehen Sie nicht nur, wie viele Transaktionen Sie bekommen, sondern auch, wie viel Umsatz diese tatsächlich bringen. Eine sehr wichtige Kennzahl, wenn Sie Marketingkampagnen beurteilen wollen. Kampagne A liefert vielleicht deutlich mehr Conversions, verkauft aber nur günstige

Produkte. Kampagne B erzielt dagegen weniger Conversions, dafür aber hohe Umsatzzahlen. Je mehr Budget Sie in Ihre Kampagnen investieren, desto wichtiger sind diese Messwerte.

Zielvorhaben
Zielvorhaben werden definiert, um bestimmte Aktionen Ihrer Besucher zu messen. Haben Sie für Ihren Webshop zum Beispiel kein E-Commerce Tracking eingerichtet, können Sie den Aufruf der Bestätigungsseite nach dem Kauf als Zielvorhaben definieren, um zumindest die abgeschlossenen Verkäufe zu messen. Zielvorhaben definieren Sie selbst. Häufig sind das abgeschickte Anfragen (Online-Formulare), Terminbuchungen, falls Sie ein Kalender-Tool verwenden, oder auch Downloads oder Newsletter-Anmeldungen. Um diese zu messen, haben Sie verschiedene Möglichkeiten:

Ziel-URLs
Am einfachsten ist die Messung über eine Ziel-URL. Wird der Besucher nach einer ausgeführten Conversion auf eine Bestätigungsseite weitergeleitet, können Sie den Aufruf dieser Seite als Ziel einstellen. Voraussetzung dafür ist, dass die Seite nicht anderweitig aufgerufen werden kann und eine eigene URL hat.
    Beispiel:

- Bestätigungsseite: domain.de/vielen-dank
- Als Zielvorhaben stellen Sie ein: URL enthält /vielen-dank/

Event-Tracking
Das ist technisch ein wenig anspruchsvoller, lässt sich aber entweder mit dem Google Tag Manager selbst umsetzen oder Sie bitten Ihren Programmierer um die Umsetzung. Mit Event-Tracking messen Sie Ereignisse, zum Beispiel den Kick auf einen Button (zum Abschicken eines Formulars, zum Download, zur Terminbuchung oder Ähnlichem). Ihr Zielvorhaben definieren Sie dann über dieses Ereignis (Abb. 9.1):
    Haben Sie solche Ziele nicht, weil Ihre Website telefonische Anfragen generiert oder lokale Geschäftsbesuche steigern soll, kommen weiche Conversions ins Spiel, zum Beispiel:

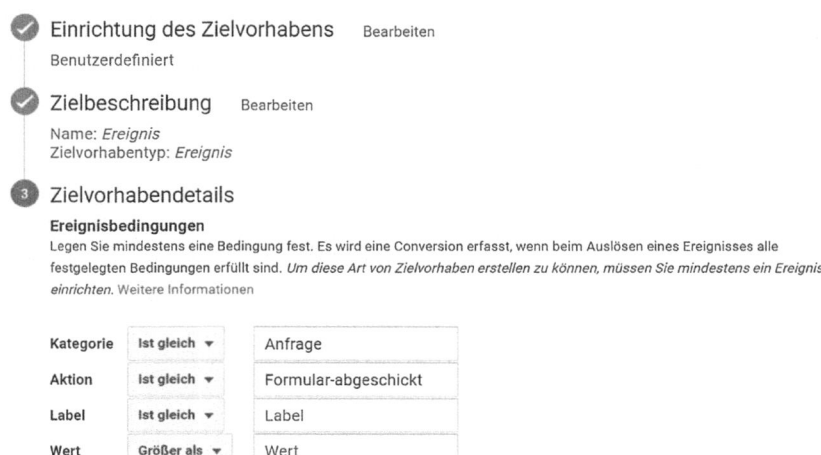

Abb. 9.1 Einrichtung eines Zielvorhabens bei Google Analytics. (© 2015 Google Inc., Verwendung mit Genehmigung. Google und das Google-Logo sind eingetragene Marken von Google Inc.)

Aufrufe bestimmter Seiten

- Kontakt
- Öffnungszeiten
- Anfahrt

Sitzungsdauer

Die Sitzungsdauer zeigt Ihnen zumindest, ob der Besucher überhaupt Interesse an Ihrem Angebot hat. Eine Sitzungsdauer von wenigen Sekunden gibt ein deutliches Signal, dass der Besucher nicht das gefunden hat, wonach er auf der Suche war. Im Folgenden gehen wir davon aus, dass Sie Ihre wichtigste Conversion definiert und eingestellt haben, unabhängig davon, wie diese genau aussieht.

9.3 Conversion-Rate- und Kanalanalyse

Besucherzahlen und -quellen
Einer der wichtigsten Berichte in Ihrem Analyse-Tool zeigt Ihnen die Besucherquellen und wie sich diese Besucher auf Ihrer Website verhalten. In Analytics finden Sie diesen Bericht unter „Akquisition" und dem Unterpunkt „Alle Zugriffe, Quelle/Medium" (Abb. 9.2).

Abb. 9.2 zeigt die Entwicklung der Besucherzahlen und der Conversions für alle Quellen. Im Screenshot sehen Sie die Entwicklung in einem Zeitraum von drei Monaten. Welche Messwerte Sie sehen möchten, können Sie über die beiden Dropdowns selbst bestimmen. Um einen ersten Überblick zu erhalten, sind Sitzungen und Conversions (in diesem Fall: Abschlüsse für Zielvorhaben) sinnvoll. So sehen Sie direkt, ob die Conversions sich parallel zu den Besucherzahlen entwickeln oder ob es auffällige Abweichungen gibt. Unterhalb der Grafik sehen Sie die jeweiligen Quellen, die Ihnen Besucher schicken, mit den zugehörigen Messwerten in einer Übersicht.

In Abb. 9.3 sehen Sie Messwerte zur Akquisition, zum Verhalten und zu den Conversions. Dies ist die Standardübersicht „Zusammenfassung" in Google Analytics. Für unsere Zwecke ist sie an dieser Stelle ausreichend. In diesem Bericht sehen Sie, dass die Quelle „google/organic" mit Abstand die meisten Besucher und Conversions verantwortet. Eine Situation, die ich Ihnen nicht unbedingt empfehlen würde, da eine solche Abhängigkeit von einem Kanal risikobehaftet ist. Die erste Erkenntnis aus diesem Bericht wäre also, weitere Kanäle zu erschließen.

Schauen wir uns die weiteren Kanäle an, sehen wir eine auffällig hohe Conversion Rate für „bing/cpc". Das ist eine Anzeigenkampagne im Netzwerk der Suchmaschine Bing. Da wir weitere Kanäle erschließen wollen, würde es sich anbieten, diesen Kanal näher zu betrachten und zu schauen, ob wir das Marketing hier verstärken können. Leider hat Bing nur einen sehr kleinen Marktanteil in Deutschland, deshalb wird dieser Kanal nicht die gleiche Position einnehmen können wie Google. Aber bei einer derart hohen Conversion Rate lohnt sich ein genauerer Blick auf die jeweiligen Kampagnen.

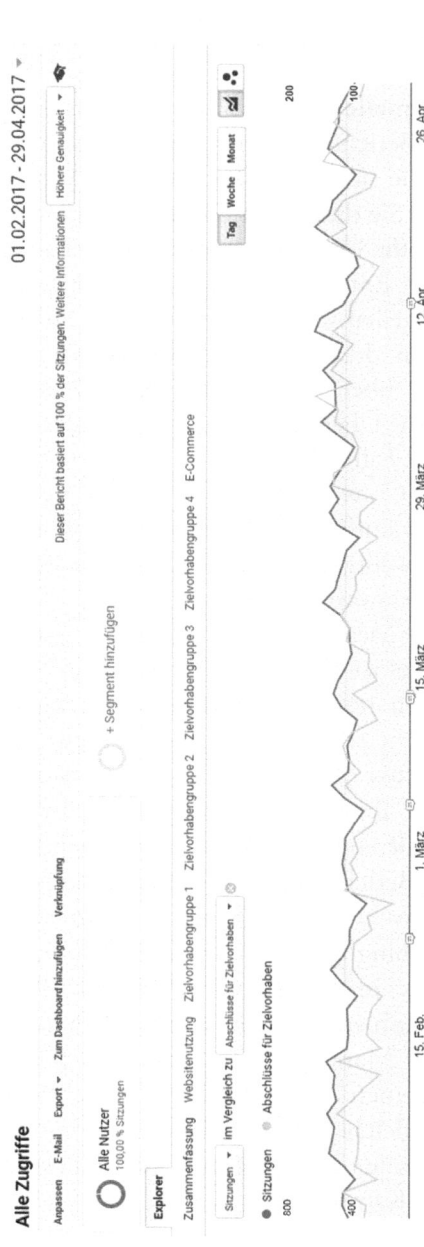

Abb. 9.2 Google Analytics: Quelle und Medium. (© 2015 Google Inc., Verwendung mit Genehmigung. Google und das Google-Logo sind eingetragene Marken von Google Inc.)

Primäre Dimension: **Quelle/Medium** Quelle Medium Keyword Andere

Zeilen darstellen | Sekundäre Dimension | Sortierungsart: Standard | Erweitert

	Quelle/Medium	Akquisition			Verhalten			Conversions (Alle Zielvorhaben)		
		Sitzungen	Neue Sitzungen in %	Neue Nutzer	Absprungrate	Seiten/Sitzung	Durchschnittl. Sitzungsdauer	Rate der Zielvorhaben-Conversion	Abschlüsse für Zielvorhaben	Zielvorhabenwert
		37.044 % des Gesamtwerts: 100,00 % (37.044)	87,73 % Durchn. für Datenansicht: 87,66 % (0,07 %)	32.497 % des Gesamtwerts: 100,07 % (32.474)	1,20 % Durchn. für Datenansicht: 1,20 % (0,00 %)	2,72 Durchn. für Datenansicht: 2,72 (0,00 %)	00:01:37 Durchn. für Datenansicht: 00:01:37 (0,00 %)	19,84 % Durchn. für Datenansicht: 19,84 % (0,00 %)	7.351 % des Gesamtwerts: 100,00 % (7.351)	0,00 € % des Gesamtwerts: 0,00 % (0,00 €)
1.	google / organic	**30.360** (81,96 %)	88,17 %	26.768 (82,37 %)	0,64 %	2,72	00:01:37	19,71 %	5.983 (81,39 %)	0,00 € (0,00 %)
2.	(direct) / (none)	**3.512** (9,48 %)	89,52 %	3.144 (9,67 %)	1,94 %	2,76	00:01:38	18,71 %	657 (8,94 %)	0,00 € (0,00 %)
3.	google / cpc	**1.011** (2,73 %)	71,32 %	721 (2,22 %)	17,41 %	1,94	00:00:14	1,19 %	12 (0,16 %)	0,00 € (0,00 %)
4.	bing / organic	**757** (2,04 %)	90,22 %	683 (2,10 %)	0,26 %	2,97	00:02:28	31,04 %	235 (3,20 %)	0,00 € (0,00 %)
5.	bing / cpc	**191** (0,52 %)	86,39 %	165 (0,51 %)	0,00 %	3,19	00:03:55	90,58 %	173 (2,35 %)	0,00 € (0,00 %)
6.	suche.t-online.de / referral	**163** (0,44 %)	94,48 %	154 (0,47 %)	0,00 %	2,88	00:02:04	32,52 %	53 (0,72 %)	0,00 € (0,00 %)
7.	yahoo / organic	**157** (0,42 %)	88,54 %	139 (0,43 %)	0,00 %	3,02	00:02:29	26,75 %	42 (0,57 %)	0,00 € (0,00 %)
8.	duckduckgo.com / referral	**111** (0,30 %)	86,49 %	96 (0,30 %)	0,00 %	3,09	00:02:21	33,33 %	37 (0,50 %)	0,00 € (0,00 %)

Abb. 9.3 Google Analytics: Quelle und Medium – Tabelle. (© 2015 Google Inc., Verwendung mit Genehmigung. Google und das Google-Logo sind eingetragene Marken von Google Inc.)

„Suche.t-online.de/referral", „yahoo/organic" und „duckduckgo.com/referral" weisen ebenfalls eine höhere Conversion Rate auf als unser Topkanal „google/organic". Hier würde sich ebenfalls ein genauerer Blick lohnen, allerdings werden diese Kanäle über das Anzeigennetzwerk von Bing bespielt, das wir uns ohnehin genauer anschauen sollten. Weitere Topkanäle hat diese Website scheinbar nicht. Die allgemeine Conversion Rate ist mit knapp 20 % aber sehr gut. Die Website erfüllt ihren Job. Es könnte sich also lohnen, nach weiteren Kanälen Ausschau zu halten.

Da diese Website relativ stark von der organischen Suche abhängig ist, wäre ein ergänzender bezahlter Kanal sinnvoll, den wir selbst besser kontrollieren können. Suchmaschinen scheinen hier gut zu funktionieren, deshalb wäre AdWords (in Analytics als „google/cpc" angezeigt) ein logischer nächster Schritt.

Blick in die einzelnen Kanäle
„Google/organic" ist der beste Kanal, die Conversion Rate aber niedriger als in anderen Suchmaschinen. Um herauszufinden, woran das liegt, schauen wir uns zwei Punkte an:

1. Über welche Keywords kommen Besucher auf die Website?
2. Auf welchen Seiten der Website landen sie?

Punkt 1 sehen wir in Analytics leider nicht mehr, dazu benötigen wir die Search Console (ebenfalls von Google und kostenlos). Dazu gleich mehr. Schauen wir uns die Zielseiten an:

Die finden Sie unter „Verhalten, Website-Content" und dann im Unterpunkt „Zielseiten". Dort stellen wir noch einen Filter (oder ein Segment) ein, um nur Besucher der Quelle „google/organic" zu sehen (Abb. 9.4):

Standardmäßig sieht man die Top-10-Seiten. Das können Sie natürlich beliebig erweitern. Wir bleiben bei den besten zehn, sortiert nach Besuchern. An dieser Stelle sollten Sie vor allem auf zwei Arten von Seiten achten:

9 Die Analyse

Zielseite		Akquisition			Verhalten			Conversions		
		Sitzungen ↓	Neue Sitzungen in %	Neue Nutzer	Absprungrate	Seiten/Sitzung	Durchschnittl. Sitzungsdauer	Rate der Zielvorhaben-Conversion	Abschlüsse für Zielvorhaben	Zielvorhabenwert
		30.361 % des Gesamtwerts 81,96 % (37.044)	88,17 % Durchn. für Datenansicht 87,66 % (0,58 %)	26.769 % des Gesamtwerts 82,43 % (32.474)	0,64 % Durchn. für Datenansicht 1,20 % (−46,93 %)	2,72 Durchn. für Datenansicht 2,72 (0,02 %)	00:01:37 Durchn. für Datenansicht 00:01:37 (−0,32 %)	19,71 % Durchn. für Datenansicht 19,84 % (−0,69 %)	5.983 % des Gesamtwerts 81,39 % (7.351)	0,00 € % des Gesamtwerts 0,00 % (0,00 €)
1	google / organic	9.004 (29,65 %)	94,09 %	9.207 (34,76 %)	0,70 %	2,19	00:00:02	6,09 %	652 (10,30 %)	0,00 € (0,00 %)
2	google / organic	5.100 (16,80 %)	83,96 %	4.282 (16,00 %)	0,57 %	3,22	00:03:12	59,10 %	3.014 (50,38 %)	0,00 € (0,00 %)
3	google / organic	2.471 (8,14 %)	91,02 %	2.249 (8,40 %)	0,32 %	3,15	00:02:20	29,22 %	722 (12,07 %)	0,00 € (0,00 %)
4	google / organic	1.775 (5,85 %)	91,10 %	1.617 (6,04 %)	1,13 %	2,25	00:00:41	10,82 %	192 (3,21 %)	0,00 € (0,00 %)
5	google / organic	1.510 (4,97 %)	91,92 %	1.388 (5,19 %)	0,86 %	2,36	00:00:56	3,11 %	47 (0,79 %)	0,00 € (0,00 %)
6	google / organic	1.274 (4,20 %)	87,28 %	1.112 (4,15 %)	0,00 %	2,70	00:01:52	15,46 %	197 (3,29 %)	0,00 € (0,00 %)
7	google / organic	1.093 (3,60 %)	90,30 %	987 (3,69 %)	0,55 %	2,32	00:00:52	1,10 %	12 (0,20 %)	0,00 € (0,00 %)
8	google / organic	894 (2,94 %)	90,60 %	810 (3,03 %)	0,22 %	2,44	00:00:56	3,02 %	27 (0,45 %)	0,00 € (0,00 %)
9	google / organic	761 (2,51 %)	92,38 %	703 (2,63 %)	0,53 %	2,36	00:01:25	19,84 %	151 (2,52 %)	0,00 € (0,00 %)
10	google / organic	736 (2,42 %)	93,75 %	690 (2,58 %)	0,14 %	2,08	00:00:34	0,68 %	5 (0,08 %)	0,00 € (0,00 %)

Abb. 9.4 Zielseiten bei Google Analytics. (© 2015 Google Inc., Verwendung mit Genehmigung. Google und das Google-Logo sind eingetragene Marken von Google Inc.)

- hohe Besucherzahlen, auffällig niedrige Conversion Rate
- hohe Conversion Rate, eher niedrige Besucherzahlen

Im zweiten Fall sollte die jeweilige Seite aber nicht nur eine Conversion haben, sondern in Relation zu Ihren gesamten Conversions eine aussagekräftige Anzahl. Eine einzelne Conversion kann durchaus Zufall sein.

Hohe Besucherzahlen, niedrige Conversion Rate
Die Conversion Rates der Seiten in Abb. 9.4 sind sehr unterschiedlich. Besonders auffällig: Die Seite mit den meisten Besuchern hat eine recht niedrige Conversion Rate. Diese Seiten sollten wir uns also zuerst anschauen und testen. Im konkreten Fall war diese Seite ursprünglich eine reine Informationsseite, die nicht für das wichtigste Conversion-Ziel erstellt wurde. Nachdem sie den Sprung in die Topseiten geschafft hatte, wurde ein Call-to-Action ergänzt. Die Conversion Rate stieg von ca. drei Prozent auf über sechs Prozent (Abb. 9.5):

Damit ist diese Seite zwar nicht auf dem Niveau der conversionorientierten Seiten der Website, ein Sprung von drei Prozent auf sechs Prozent Conversion Rate auf einer der meistbesuchten Seiten macht sich in den Resultaten trotzdem deutlich bemerkbar. In diesem Fall war ein möglicher Test, das Hinzufügen eines Call-to-Action, leicht zu erkennen. Das ist natürlich nicht immer der Fall. Schauen Sie sich ergänzend die Suchbegriffe an, über die Besucher auf diese Seite kommen.

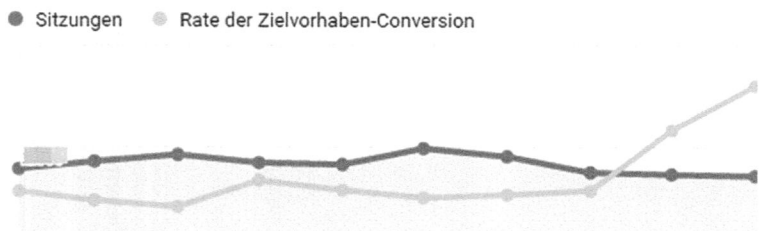

Abb. 9.5 Optimierung der Conversion Rate. (© 2015 Google Inc., Verwendung mit Genehmigung. Google und das Google-Logo sind eingetragene Marken von Google Inc.)

Google Search Console

Dazu wechseln wir in die Google Search Console. In der Suchanalyse sehen Sie die Suchbegriffe, zu denen Ihre Website eingeblendet wurde, die Klickzahlen, Klickraten und Positionen. Zusätzlich haben Sie verschiedene Filtermöglichkeiten. In diesem Beispiel setzen wir einen Filter für die Seite, die wir besser verstehen wollen (Abb. 9.6):

In der Tabelle sehen Sie, zu welchen Suchbegriffen diese Seite in Google angezeigt wird, auf welchen Positionen, mit welcher Klickrate und vor allem auch, wie viele Klicks sie im gewählten Zeitraum generiert hat. Interessant ist hier vor allem die Art der Suchbegriffe:

- Passen die Suchbegriffe zum Inhalt der Seite?
- Sind die Suchbegriffe conversion-orientiert?

In unserem Fallbeispiel passten die Suchbegriffe zwar hervorragend zum Inhalt der Seite, der Großteil war allerdings überhaupt nicht conversion-orientiert. Diese Besucher benötigten lediglich eine kurze Information. Das Verkaufsargument der Website war für sie keine relevante Option.

Auch so etwas kommt vor. In diesem Fall ist der Inhalt der Seite für die Zielgruppenmitglieder zwar relevant, sie befinden sich aber aktuell nicht in einem Kaufprozess, sondern haben bereits einen Anbieter gewählt. Trotzdem ist die Seite nicht unwichtig, da viele Konsumenten in dieser Branche regelmäßig den Anbieter wechseln. E-Mail-Marketing wäre hier ein nächster interessanter Schritt, um diese Besucher zu einem

Abb. 9.6 Filter bei Google Search Console. (© 2015 Google Inc., Verwendung mit Genehmigung. Google und das Google-Logo sind eingetragene Marken von Google Inc.)

späteren Zeitpunkt zu überzeugen, nämlich dann, wenn sie wechseln möchten.

Hohe Conversion Rate, eher niedrige Besucherzahlen
Der zweite wichtige Punkt sind Seiten, die sehr gut konvertieren, aber im Verhältnis zu den restlichen Seiten nur wenige Besucher bekommen. Dazu sortieren Sie die Zielseiten-Tabelle am besten nach Conversion Rate (absteigend). Seiten mit sehr wenigen Conversions können Sie außer Acht lassen, ebenso Seiten Ihres Kaufprozesses oder Kundenbereichs.

In Abb. 9.7 sind Seiten mit weniger als zehn Conversions herausgefiltert. Fünf Seiten haben eine deutlich höhere Conversion Rate als der Durchschnitt dieser Website, vier davon haben bisher relativ wenige Besucher bekommen.

In der Google Search Console können Sie anschließend sehen, zu welchen Suchbegriffen und auf welchen Positionen diese Seiten aktuell angezeigt werden. Sind die Positionen und/oder die Klickrate zu niedrig, ist der logische nächste Schritt die Optimierung dieser Seiten. Sind Positionen und Klickraten allerdings gut, die Impressionen aber zu gering, scheint es wenig Suchvolumen für diese Themen zu geben. Der nächste Schritt ist dann, sich genau zu überlegen, über welche Kanäle Sie diese Zielgruppe(n) erreichen können, mit welchen Kampagnen und welchen Inhalten.

Im genannten Beispiel war genau das der Fall. Die betreffenden Seiten sind sehr genau auf bestimmte Zielgruppen zugeschnitten, die leider nicht zielgruppenspezifisch suchen. Suchmaschinenmarketing kommt also kaum infrage, stattdessen aber Kanäle, in denen Sie die Zielgruppen für Ihre Anzeigen sehr genau bestimmen können, zum Beispiel Facebook-Anzeigen.

9.4 Besucheranalyse

Google Analytics liefert Ihnen zahlreiche Informationen über Ihre Besucher, die Sie nutzen können, um Ihre Marketingkampagnen effektiver einzusetzen. Diese finden Sie im Menüpunkt „Zielgruppe". Die wichtigsten für den Anfang:

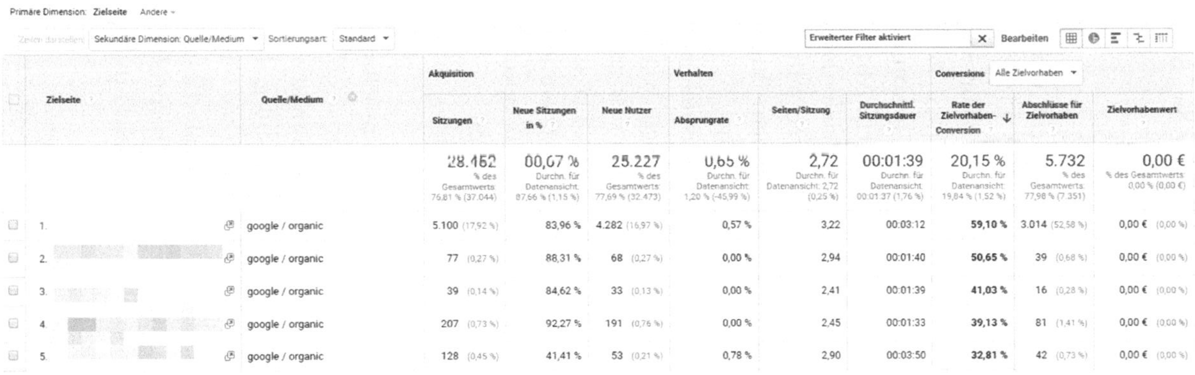

Abb. 9.7 Gefilterte Zielseiten bei Google Analytics. (© 2015 Google Inc., Verwendung mit Genehmigung. Google und das Google-Logo sind eingetragene Marken von Google Inc.)

Geografie
Der Standort Ihrer Besucher ist wichtig für Sie, unabhängig davon, ob Sie deutschlandweit oder lokal aktiv sind.

Deutschlandweit
Verkaufen Sie deutschlandweit, mag es nicht relevant erscheinen, wo genau Ihre Besucher herkommen. Für Ihre Marketingkampagnen, vor allem für bezahlte Kampagnen, ist es aber sehr wichtig. Ihre Kunden werden nicht gleichmäßig verteilt sein. Einige Regionen konvertieren besser als andere. Aus einigen Regionen bekommen Sie möglicherweise sehr viele Besucher, aber kaum Kunden. Mit diesem Wissen können Sie bezahlte Marketingkampagnen gezielt dort einsetzen, wo die Conversion Rate wahrscheinlich am höchsten sein wird. Das ist besonders interessant für Sie, wenn Sie mit kleinem Budget arbeiten müssen und/oder einen neuen Kanal testen möchten.

Google-AdWords-Kampagnen zum Beispiel können schnell sehr teuer werden, wenn sie nicht gut gemanagt werden. Auch der beste SEA (Search-Engine-Marketing)-Manager muss gerade zu Beginn einer neuen Kampagne testen und optimieren. Da ist es bei begrenztem Budget sinnvoll, in einer Region mit wahrscheinlich hoher Conversion Rate zu testen und anschließend die bereits optimierte und profitable Kampagne auf weitere Regionen auszudehnen.

Lokal
Wenn Sie ein lokales Unternehmen führen, möchten Sie wahrscheinlich auch nur Besucher aus Ihrer Region ansprechen. Hunderte Website-Besucher am Tag mögen gut aussehen, kommen sie aber aus München und Sie führen einen Friseursalon in Flensburg, hilft Ihnen das kaum weiter. Die Standortanalyse zeigt Ihnen, ob Sie auf dem richtigen Weg sind. Bekommen Sie tatsächlich kaum lokale Besucher, sollten Sie auf jeden Fall Ihre lokale SEO-Optimierung überprüfen und anschließend lokale Kampagnen (siehe Abschn. 4.2 bis 6.4.1) in Erwägung ziehen.

Mobil, Tablet und Desktop
Gehen wir davon aus, dass Ihre Website für Mobilgeräte optimiert ist (siehe Abschn. 5.2). Trotzdem werden Sie einen Unterschied im

Verhalten Ihrer Besucher feststellen. Mobile Besucher weisen noch immer häufig eine niedrigere Conversion Rate auf als Tablet- oder Desktop-Besucher. Mobil ist in vielen Branchen ein Orientierungskanal, seltener der direkte Conversion-Kanal.

Sogenannte Cross-Device Conversions, also Conversions, die über mehrere Geräte vorbereitet und ausgeführt wurden, sind leider immer noch schwer messbar. Google versucht sich ebenso wie andere Anbieter daran. Von einer hundertprozentigen Übereinstimmung sind wir derzeit aber noch weit entfernt.

Behalten Sie bei der Analyse der Besucher je nach Gerät immer im Hinterkopf, dass mobile Besucher häufig in der Orientierungsphase sind und später über Desktop oder Tablet konvertieren. Die Zahlen in Ihrem Analyse-Tool sind also nicht ganz korrekt.

Hohe mobile Besucherzahlen, geringe Conversion Rate

Kontrollieren Sie zuerst Ihren Conversion-Prozess (Kauf, Anfrage, Terminbuchung oder Ähnliches) auf mobilen Geräten. Sie können Daten hinzuziehen (Abschn. 9.5). Zusätzlich sollten Sie Ihren Prozess aber auch selbst testen und möglichst von einigen Personen Ihrer Zielgruppe testen lassen.

- Funktioniert tatsächlich alles auf dem Handy?
- Laden die Seiten des Kaufprozesses schnell genug?
- Ist der Prozess einfach genug?
- Muss der Besucher Daten eingeben, die er unterwegs vermutlich nicht zur Hand hat?

In vielen Fällen können Sie so bereits wichtige Probleme entdecken und lösen. Ist der Prozess selbst kein Problem, möchte Ihre Zielgruppe sich auf dem Handy wahrscheinlich nur informieren. Gerade bei hochwertigen Angeboten oder solchen, die zahlreiche Daten vom Kunden benötigen, ist das oft der Fall. Schauen Sie sich dazu in Google Analytics an, welche Seiten Ihrer Website mobile Besucher nutzen. Sind diese vorwiegend informativ, können Sie davon ausgehen, dass sich mobile Besucher noch in der Orientierungsphase befinden. Eine direkte Aufforderung zum Kauf wäre hier ebenso fehl am Platz wie ein Heiratsantrag beim ersten Date.

Umweg E-Mail-Marketing
Sehen Sie sehr hohe mobile Besucherzahlen mit niedriger Conversion Rate, dagegen aber auf Tablet und Desktop durchaus gute Conversion Rates, wäre E-Mail-Marketing ein möglicher Zwischenschritt.

Das Ziel ist dann bei mobilen Besuchern nicht der direkte Verkauf (bzw. Kontakt oder Ähnliches), sondern die Anmeldung zu Ihrem Newsletter. Anschließend begleiten Sie diese Besucher mit gezieltem (hilfreichem) E-Mail-Marketing bis zur Conversion.

Auf diesem Umweg können Sie die tatsächliche Conversion Rate der mobilen Besucher auch wieder messbar machen: Wenn Sie wissen, wie die Conversion Rate zum Newsletter aussieht und anschließend die Conversion Rate der Newsletter-Abonnenten zu Kunden, können Sie auch die Gesamt-Conversion-Rate berechnen. Ein Umweg, aber einer, der bei sehr hohen mobilen Besucherzahlen und niedriger direkter Conversion Rate durchaus lohnenswert sein kann.

9.5 Analyse und Optimierung des Kaufprozesses

Auch diese Analyse ist unabhängig davon, ob Ihre Conversion ein Kauf, eine Anfrage oder ein Download ist. Sofern der Besucher mehrere Schritte ausführen muss, um eine Conversion abzuschließen, haben Sie einen Prozess, den Sie analysieren und optimieren können.

Beispiel: Webshop
Der Webshop ist das einfachste Beispiel. Meist gibt es eine Produktseite, dann einen Warenkorb, danach die Dateneingabe und zum Schluss die Bestätigung bzw. Danke-Seite. Vielleicht gibt es dazwischen noch eine Kundenanmeldung, eine Upsell-Seite oder Ähnliches, der grundlegende Prozess verläuft aber in diesen Schritten.

Findet jeder Schritt auf einer eigenen Seite mit eigener URL statt, können Sie diese in Analytics recht einfach messen. Entweder als Ziel-Conversion, zu der Sie einen Trichter mit den jeweiligen Schritten anlegen, oder mit der neueren Funktion „enhanced ecommerce". Die Beschreibung, wie genau das funktioniert, würde hier den Rahmen sprengen. Sie finden online zahlreiche Tutorials dazu, oder Sie können Ihren Programmierer bitten, sich darum zu kümmern. Die Umsetzung ist in den meisten gängigen Systemen kein großer Aufwand. Ergänzende Infos erhalten Sie unter https://support.google.com/analytics/answer/6014872?hl=de.

Enhanced E-Commerce
Mit dem erweiterten E-Commerce Tracking stehen Ihnen zwei besonders interessante Berichte zur Verfügung: Kaufverhalten und Bezahlvorgang.

Bericht Kaufverhalten
Der Bericht zum Kaufverhalten gibt Ihnen einen Überblick über den gesamten Prozess von der Einstiegsseite bis zur Bestätigung. Interessant sind für Sie hier vor allem Auffälligkeiten. Natürlich springen in jedem Schritt einige Besucher ab. Relevant wird es für Sie erst, wenn in einem Schritt auffällig viele Besucher abspringen.

Bericht Bezahlvorgang
In diesem Bericht sehen Sie die einzelnen Schritte Ihres Kaufprozesses (nach dem Warenkorb bis zur Bestätigung). So können Sie sehen, welcher Schritt Probleme verursacht. Springen auffällig viele Besucher bei der Wahl der Zahlungsmethode ab? Vielleicht bieten Sie die falschen an (Abb. 9.8).

Zielvorhaben Trichtervisualisierung
Dieser Bericht bietet sich an, wenn E-Commerce Tracking nicht möglich ist. Sie können für jedes Ziel einen Trichter einstellen und für jeden einzelnen Schritt festlegen, ob dieser Pflicht oder optional ist.

Im Bericht Trichtervisualisierung sehen Sie dann Ihren Prozess visuell aufbereitet. Für jeden Schritt sehen Sie die Besucherzahlen und -absprünge, vor allem aber auch die Seiten Ihrer Website, zu denen Besucher wechseln. Auch hier sollten Sie nach Auffälligkeiten suchen. Springen Besucher in einem Schritt auffällig oft ab? Zu welchen Seiten Ihrer Website wechseln sie? (Abb. 9.9).

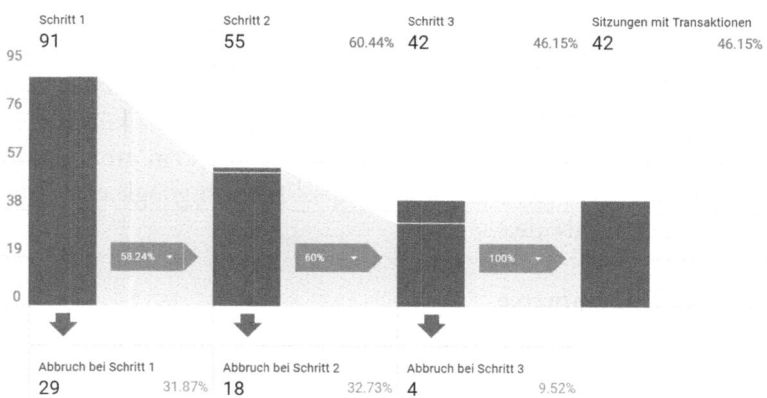

Abb. 9.8 Bericht Bezahlvorgang bei Google Analytics. (© 2015 Google Inc., Verwendung mit Genehmigung. Google und das Google-Logo sind eingetragene Marken von Google Inc.)

Ablenkungen erkennen und vermeiden
Ein Beispiel: In einer aktuellen Kampagne eines meiner Kunden war die Conversion Rate der Landingpage auffallend niedrig. Dieser erste Schritt des Trichters schien nicht korrekt zu funktionieren, nur wenige Besucher wechselten in den nächsten Trichterschritt.

Die Analyse zeigte, dass die Mehrheit der Besucher von der Landingpage zu Angebotsseiten wechselte. In diesem Fall leider nicht relevant, da diese Angebotsseiten für andere Zielgruppen erstellt waren. Für die Bedürfnisse der Landingpage-Besucher waren sie nicht relevant.

Logische Maßnahme: Der Link zur Angebotsseite wurde entfernt. Die Landingpage enthält alle relevanten Informationen für diese Zielgruppe, das komplette Menü der Website war nur eine Ablenkung und konnte gelöscht werden.

Abb. 9.9 Trichtervisualisierung bei Google Analytics. (© 2015 Google Inc., Verwendung mit Genehmigung Google und das Google-Logo sind eingetragene Marken von Google Inc.)

Ihr Transfer in die Praxis

- Richten Sie Conversion Tracking in Ihrem Analyse-Tool ein und konzentrieren Sie Ihre Analyse auf diese wichtigsten Kennzahlen.
- Schauen Sie sich an, über welche Kanäle Ihre Besucher kommen. Welche Kanäle funktionieren besser/schlechter als andere?
- Schauen Sie sich jeden wichtigen Kanal im Detail an. In welcher Phase ihrer „Reise" kommen Kunden über diesen Kanal, und auf welchen Seiten landen sie? Passen die Informationen auf der Landingpage zu den Erwartungen der Besucher in dieser Phase? Werden die weiteren Schritte deutlich kommuniziert oder fehlt eventuell eine Handlungsaufforderung?
- Gibt es Kanäle, die eine gute Conversion Rate verzeichnen, aber nur wenige Besucher bekommen? Wie können Sie diesen Kanal stärken?
- Welche Einstiegsseiten Ihrer Website funktionieren auffällig besser/schlechter als andere?
- Gibt es Auffälligkeiten in der Besucheranalyse? Gibt es z. B. bestimmte Regionen, die besser funktionieren, oder sehen Sie auffällig abweichende Kennzahlen bei mobilen Besuchern?

Es gibt keine allgemeingültigen Richtwerte! Achten Sie in Ihrer Analyse vor allem auf Auffälligkeiten und konzentrieren Sie sich auf die für Ihr Unternehmen wichtigen Kennzahlen.

10

Fazit

Erfolgreiches Online-Marketing im Sinne von Informationsmarketing hat mit klassischer Werbung nicht mehr viel zu tun. Einzelkämpfer, die auf diese Weise erfolgreich sind, sind häufig Menschen, die sich niemals als Werbeprofis bezeichnen würden oder die gar glauben, nicht verkaufen zu können.

Informationsmarketing wird nicht als Werbung wahrgenommen, sondern als das, was es ist: hilfreiche Informationen, die von einem Experten (Ihnen) geliefert werden. Die meisten Einzelkämpfer und Kleinunternehmen haben ihre Unternehmen gegründet, um für Ihre Kunden wirklichen Mehrwert zu schaffen. Ohne diesen Ansporn wären die oftmals langen Tage und zahlreichen Verpflichtungen kaum zu erklären.

Ich gehe davon aus, dass Sie ebenso passioniert und ehrgeizig sind, sonst wären Sie nicht bis hierher gekommen. Damit haben Sie bereits die wichtigsten Bausteine für Ihren Online-Erfolg.

Dieses Buch behandelt bewusst keine viralen Marketingkampagnen, Growth-Hacking-Methoden oder aufwendige, kreative Social-Media-Kampagnen. Natürlich haben sie ihre Berechtigung und sind, richtig eingesetzt, auch sehr effektiv. Meine Erfahrung ist aber, dass die meisten kleineren Unternehmen damit überfordert wären und Sie als Unternehmer höchstwahrscheinlich auch gar nicht den Anspruch haben, zum Marketingprofi zu werden.

Alle Schritte, die Sie in diesem Buch kennengelernt haben, können Sie neben Ihrem Alltagsgeschäft umsetzen. Nutzen Sie Ihre Vorteile. Sie haben das Wissen, nach dem Ihre Zielgruppe sucht. Begleiten Sie Ihre Kunden vor, während und nach dem Kauf genau so, wie Sie es mit guten Bekannten in der realen Welt auch tun würden.

The manufacturer's authorised representative in the EU is Springer Nature Customer Service Centre GmbH, Europaplatz 3, 69115 Heidelberg, Germany. If you have any concerns regarding our products, please contact ProductSafety@springernature.com

Printed and bound by CPI Group (UK) Ltd, Croydon, CR0 4YY
23/03/2026
02076400-0013